Du gehörst zu mir

Die Bindung zum Hund spielend vertiefen

Nicole Röder

Verlag und Autorin übernehmen keine Haftung für Personen-, Vermögens- und Sach-
schäden, die im Zusammenhang mit der Umsetzung und Anwendung der in diesem
Buch beschriebenen Spiele und Übungen entstehen könnten. Diese sind sorgfältig
erwogen und geprüft, sollten jedoch immer mit Bedacht umgesetzt werden.

Impressum

Copyright © 2010 by Cadmos Verlag, Schwarzenbek
Gestaltung und Satz: Ravenstein + Partner, Verden
Titelfoto: Natascha Schwitalla
Fotos ohne Fotonachweis: Dr. Richard Maurer
Lektorat: Maren Müller
Druck: Westermann Druck, Zwickau

Deutsche Nationalbibliothek – CIP-Einheitsaufnahme
Die Deutsche Nationalbibliothek verzeichnet diese Publikation in der
Deutschen Nationalbibliografie; detaillierte bibliografische Daten sind im
Internet über http://dnb.ddb.de abrufbar.

Alle Rechte vorbehalten.
Abdruck oder Speicherung in elektronischen Medien nur nach vorheriger
schriftlicher Genehmigung durch den Verlag.

Printed in Germany
ISBN 978-3-8404-2001-6

Inhalt

Einleitung 8

Was ist Bindung? 10
  Zwei Beispiele 12
  Die Theorie hinter den Beispielen 15

Bindungsspiele – was ist das? 16
  Überblick über verschiedene
  Formen von Bindungsspielen 21
    Alleinunterhalter 21
    Intelligenzspielzeuge 25
    Körpernahe Spiele 30
    Das Füttern 32
    Futterbeutel und Reizangel 33
    Spaziergehspiele 37

Motivatoren und andere Hilfsmittel 38
  Das große Fressen 40
  Geeignete Spielzeuge 41
  Der Clicker 43
  Leine, Halsband, Brustgeschirr 45

Packen wir's an:
Bindungsspiele für jederhund 48
  Bindungsspiele für drinnen 50
    Aus der Hand in den Mund 51
    Den Boden wischen 53
    Überraschungskiste 56
    Keine Angst – wir schaffen das! 59

Inhalt

    Der Weihnachtsstrumpf 61
    Das Wohnungslabyrinth 63
    3 … 2 … 1 … meins … oder deins? 66
    Wellness ist für alle da 68
Spielideen für Feld und Flur 70
    Zerrspiele – aber richtig 72
    Rechts, links oder geradeaus? 74
    Alles ist ein Spielzeug 77
    Immer aufpassen! 80
    Vom Erdboden verschluckt 82
    Wo bin ich? 85
    Ich sehe was, was du nicht siehst 87
    Achtung, fertig, los! 88
    Schau, und es passiert was! 91
    Distanzkontrolle 94
    Bringen und Festhalten 98
Gruppenspiele 102
    Kreis des Vertrauens 104
    Die unsichtbare Leine 106
    Eierlauf mal anders 109

Elf goldene Regeln 112

Schlusswort 118

Dankeschön 120

Zum Weiterlesen 124

Stichwortregister 126

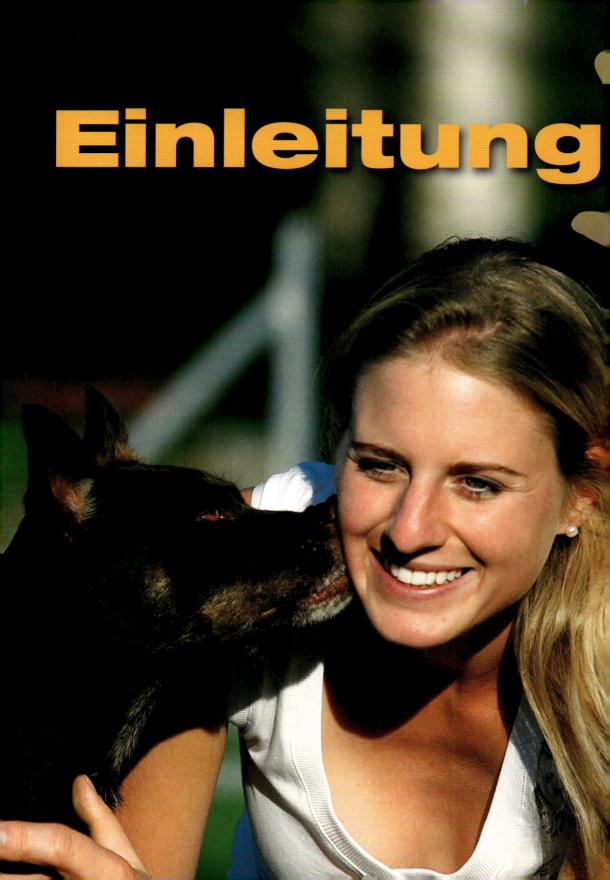

Einleitung

Heutzutage wird der Begriff Bindung beinahe schon inflationär gebraucht, um die Beziehung zwischen einem Menschen und seinem Hund zu beschreiben. Handelt es sich beim Mensch-Hund-Gespann um ein eingespieltes Team, so ist die häufige Erklärung für das harmonische Miteinander, dass beide ja schließlich eine gute Bindung haben. Gibt es Probleme mit dem Vierbeiner – sei es, dass er jagt, Kommandos nicht sofort befolgt oder den Ruf seines Menschen permanent ignoriert –, so ist der erste Lösungsansatz von vielen Hundeschulen oder -trainern, dass unbedingt an der Bindung gearbeitet werden muss.

Doch was genau ist dieses Allheilmittel in der Hundeerziehung denn eigentlich? Wie lässt sich Bindung definieren? Und wie kann man sie stärken, um noch glücklicher mit seinem Hund zusammenzuleben? Diese und weitere Fragen wird das vorliegende Buch beantworten.

Bei allen theoretischen Überlegungen zum Thema Bindung sollte im Vordergrund immer eines stehen: Egal, wie Bindung definiert wird, und egal, was Ihnen für den Umgang mit Ihrem Hund geraten wird – Sie sind der Mittelpunkt im Leben Ihres Vierbeiners, und Sie entscheiden, was Ihnen am Zusammenleben mit ihm besonders wichtig ist. Wenn es Ihnen nur darauf ankommt, dass er ein netter Kerl ist, der wenigstens ab und an mal gehorcht, dann ist es wenig sinnvoll, sich in die Hände eines Hundetrainers zu begeben, der Sie beide auf Gedeih und Verderb fit für die Begleithundeprüfung machen will. Dieser Trainer würde die vielleicht exzellente Beziehung zwischen Ihnen und Ihrem Hund als „mangelhafte Bindung" bezeichnen, weil nun mal kein Kadavergehorsam vorhanden ist.

Wir sehen also, der Begriff Bindung wird ganz unterschiedlich verstanden. Hier soll er deshalb zunächst genauer untersucht und eine für dieses Buch gültige Definition gefunden werden. Dem theoretischen Teil folgen dann zahlreiche praktische Anleitungen für Spiele, die das Miteinander von Hund und Halter verschönern und verbessern können.

Was ist Bindung?

Du gehörst zu mir

Wer mit Hunden und Menschen zu tun hat, hat das Wort Bindung ganz sicher schon einmal gehört oder sogar selbst verwendet: Das gilt für den Trainer, der dem Kursteilnehmer mit dem absolut nicht auf die Kommandos gehorchenden Hund nahelegt, „doch mal an der Bindung zu arbeiten" – obwohl dieser Teilnehmer sich ganz sicher ist, dass ihn und seinen Vierbeiner ein unzerstörbares Band verbindet. Und es gilt ebenso für den Kursteilnehmer, der so überzeugt von der mangelnden Bindung zwischen ihm und seinem Hund ist – schließlich ignoriert der beim Spaziergang jeglichen Rückruf –, dass er gar nicht merkt, wie sehr ihn sein Hund eigentlich vergöttert.

Woher kommen diese unterschiedlichen Sichtweisen? Wer hat denn nun recht, oder gibt es in diesem Fall kein Richtig oder Falsch?

Dass Bindung etwas mit der Verbindung zwischen Mensch und Hund zu tun hat, dieser Aussage wird wohl jeder zustimmen. Doch die beiden eben genannten Beispiele zeigen, dass der Begriff Bindung darüber hinaus sehr individuell verstanden werden kann und immer die Perspektive eine Rolle spielt, aus der man ihn betrachtet.

Diesen Satz – so oder ganz ähnlich formuliert – werden wohl täglich in Übungsstunden auf dem ganzen Globus viele Hundetrainer sagen und verzweifelte Hundehalter hören. Das Schöne an der Aussage ist für die Trainer, dass kaum jemand die Gegenfrage stellt – nämlich, was er nun damit anfangen soll. Denn sobald der Begriff Bindung auftaucht, hat jeder ein mehr oder weniger konkretes

Im Alltag ein tolles Team.
(Foto: Tierfotoagentur.de/K. Lührs)

Zwei Beispiele

Beleuchten wir die bereits angesprochenen Beispiele nun einmal etwas genauer:

„Sie sollten dringend an der Bindung zu Ihrem Hund arbeiten, der hört ja überhaupt nicht."

Was ist Bindung?

Beim Spiel mit Artgenossen kann ein junger Hund schon mal alles andere vergessen. (Foto: Tierfotoagentur.de/R. Richter)

Bild dazu im Kopf. Und wenn nicht, dann tut er wenigstens so, als hätte er genau verstanden, was von ihm erwartet wird.

Stellt der Trainer fest, dass an der Bindung gearbeitet werden muss, so hat er in der Regel während des Unterrichts den Eindruck bekommen, dass der Hund nicht genügend auf seinen Menschen achtet und deshalb die Erfolgsquote bei den gezeigten Übungen eher gering ist. Für die Situation auf dem Hundeplatz mag das auch absolut zutreffen, aber die Trainingsstunden sind nur ein kleiner Ausschnitt aus dem Zusammenleben unseres Beispielteams. Das, was der Trainer hier beobachtet, ist nur ein Bruchteil von dem, was sich sonst zwischen den beiden abspielt. Womöglich erkunden sie jeden Tag stundenlang gemeinsam die Natur und veranstalten dabei Suchspiele. Oder sie sind überhaupt unzertrennlich und der Mensch nimmt seinen Vierbeiner überallhin mit – ins Büro, zum Einkaufen, ins Restaurant, füttert ihn abends aus der Hand und ist darauf bedacht, ihm jederzeit die nötige geistige und körperliche Auslastung zu bieten. Dadurch haben die beiden eine Art mentale Verbindung, die viele Worte überflüssig macht. Jeder würde für den anderen durchs Feuer gehen. Vielleicht funktioniert es ja nur auf dem Hundeplatz nicht, weil der Mensch sich dort unter Druck setzt. Er glaubt, dass vor den Augen des Trainers und der anderen Kursteilnehmer einfach alles klappen muss, und diese Nervosität drückt sich in unsicheren Kommandos und einem für den Hund ungewohnten Verhalten aus. Oder der Vierbeiner fühlt sich inmitten all der anderen Hunde nicht wohl und würde den Platz mit den unüberschaubar vielen Geruchsmarken lieber erst mal in Ruhe erkunden.

Auch beim zweiten Beispiel ist der Bindungsbegriff von individuellen Ansichten geprägt. Während der Hundehalter das Gefühl hat, dass sich sein Junghund keinen Deut um ihn schert, stellt der Hundetrainer eben dieses Paar als leuchtendes Vorbild für eine gute Bindung heraus. Wie im ersten Beispiel kennt der Trainer nur einen kleinen Ausschnitt aus dem Miteinander von Mensch und Hund. Er hat bemerkt, dass sich der Junghund sogar während des Tobens mit anderen Hunden immer wieder durch einen Blick zu seinem Besitzer vergewissert, dass dieser noch da ist. Dem Besitzer fällt das hingegen gar nicht auf. Er sieht nur, dass sein Hund beim Anblick seiner vierbeinigen Kumpel außer Rand und Band gerät und scheinbar alles um sich herum vergisst. Zudem hat er die Erfahrung gemacht, dass der Hund auf Spaziergängen nur zögerlich gehorcht und immer so weit vorwegläuft, dass er seine liebe Not hat, ihn am Horizont überhaupt zu erkennen. Frustriert kommt dieser Halter also zu dem Schluss, dass sein Hund überhaupt keine Bindung zu ihm aufgebaut hat.

Wer hat nun recht? Im ersten Beispiel kann man getrost davon ausgehen, dass Mensch und Hund eine tolle Bindung zueinander haben, denn diese ist nicht durch das direkte Befolgen irgendwelcher Kommandos erklär- oder sichtbar. Essenziell ist vielmehr das unsichtbare Band, das Zwei- und Vierbeiner miteinander verknüpft – jene Verbindung, die beiden erlaubt, sich beinahe blind zu vertrauen. Das zumindest ist für mich ein wichtiger Bestandteil der Definition von Bindung – das gegenseitige Vertrauen, völlig unabhängig davon, wie gehorsam der Vierbeiner im Alltag ist.

Im zweiten Beispiel ist es nicht ganz so einfach. Die Verbindung zwischen Mensch und Hund muss wachsen und will, genau wie eine Pflanze, gehegt und gepflegt werden. Wenn ein Junghund erst seit wenigen Monaten in seiner menschlichen Familie lebt, dann ist es schon großartig, wenn er beim Toben mit Artgenossen die Anwesenheit seines Menschen nicht ganz vergisst und wenigstens versucht, diesen nicht aus den Augen zu verlieren.

Viele Hundebesitzer haben eine sehr hohe Erwartungshaltung gegenüber ihrem Vierbeiner. Sie gehen davon aus, er müsse automatisch eine gute und jederzeit erkennbare Bindung zu ihnen aufbauen. Schließlich bieten sie ihm ein Zuhause, füttern ihn und gewähren ihm Schutz. Zu große Erwartungen an einen jungen Hund führen jedoch in den meisten Fällen zu Enttäuschungen. Bindung basiert auf Vertrauen, und das entwickelt sich nicht von heute auf morgen. Vertrauensbildung ist ein ständiger Prozess.

Was ist Bindung?

Die Theorie hinter den Beispielen

„Bindung hat etwas mit Vertrauen und Zusammenarbeit zu tun und bezeichnet eine besonders enge soziale Beziehung zwischen dem Tier und einem anderen Individuum." (Erik Zimen, *Der Hund – Abstammung, Verhalten, Mensch und Hund*)

Mit Heinz Weidt und Dina Berlowitz können wir davon ausgehen, dass es sich bei eben dieser Bindung um „eine Art unsichtbares, individuelles Band" handelt (Heinz Weidt, Dina Berlowitz, *Das Wesen des Hundes*) – ein Bild, das mir persönlich sehr gut gefällt, denn es beschreibt sehr treffend, was ich unter einer guten Mensch-Hund-Bindung verstehe.

Das Band der Bindung ist zu Beginn einer Mensch-Hund-Beziehung noch recht dünn – besonders bei erwachsenen Hunden, die schon ihre eigenen, vielleicht sogar schlechten Erfahrungen mit Menschen gemacht haben. Dieses dünne Band kann man im Lauf der Zeit stabiler und dicker und somit reißfester werden lassen. Das passiert natürlich nicht wie von Zauberhand. Wie an jeder Beziehung muss man auch an der Beziehung zum Hund arbeiten.

Bindung bedeutet Vertrauen.
(Foto: Tierfotoagentur.de/K. Lührs)

(Foto: Ralph Weires)

Du gehörst zu mir

Dass gemeinsames Spiel mit unserem Hund Spaß machen soll und meist auch in irgendeiner Form die Beziehung zwischen Mensch und Hund beeinflusst, wird sicher niemand bestreiten. Nun ist spielen aber nicht gleich spielen. Dem Vierbeiner hundertmal nur sein Bällchen zu werfen und ihn stupide hinterdreinrennen zu lassen, ist wohl kaum als qualitativ hochwertige Beschäftigung anzusehen. Zur Beziehung zwischen Hund und Halter trägt das nicht gerade bei. Ein Hund, dessen einziges Highlight im Alltag der fortgeschleuderte Ball ist, fixiert sich auf das runde Ding, aber nicht auf die Person, die es wirft. Egal, wer das Objekt der Begierde schleudert (ob Besitzer, Nachbar, Fremder oder Ballwurfmaschine), und egal, in welche Richtung es fliegt – der Hund wird hinterherhechten und es zurückbringen, damit es erneut geworfen wird. Übertreibt man es mit dieser Art der Beschäftigung, so hat man sich in kürzester Zeit einen Junkie herangezogen, der seinen täglichen Kick braucht und nicht mehr an einem Bällchen vorbeigehen kann, ohne dieses geifernd anzuglotzen und auf den Wurf zu lauern. Viel Spaß dabei, diesen Hund an einem Fußball- oder Tennisspiel vorbeizudirigieren oder, schlimmer noch, diesem

Alles, was rund ist und sich bewegt, wird von „Bällchenjunkies" rücksichtslos verfolgt – das ist im Alltag äußerst anstrengend und hat nichts mit Bindung zu tun.

Bindungsspiele – was ist das?

Vierbeiner begreiflich zu machen, dass nicht alle Bälle, die in einem öffentlichen Park umherfliegen, ihm gehören. Wahre Bällchenjunkies sind beim Anblick eines rollenden oder fliegenden Balles kaum mehr ansprechbar und wirklich keine Freude für ihre Menschen. Hinzu kommt, dass es Hunderassen gibt, die aufgrund ihrer genetischen Disposition schneller zum Junkie werden als andere. Sollten Sie glücklicher „Mitbewohner" eines Hütehundes wie zum Beispiel eines Border Collies sein, so lesen Sie sich die vorangegangenen Sätze wieder und wieder durch und beten Sie sich jeden Tag vor dem Schlafengehen vor: „Ich mache meinen Hund nicht zu einem Bällchenjunkie." Aber auch wer sein Leben mit einem Pudel, Retriever oder einer anderen Rasse teilt, sollte sich hinter die Ohren schreiben, dass man jeden Hund süchtig machen kann. Bällchenwerfen mag vielleicht mal als nette Abwechslung oder zur körperlichen Auslastung dienen, das empfehlenswerteste Spiel im Leben eines Hundes ist es aber sicher nicht.

„Wegwerfspiele" sind also keine Bindungsspiele. Warum? Weil Beschäftigungen, bei denen Ihr Hund unkontrolliert von Ihnen geworfenen Gegenständen hinterherjagen darf, im Grunde nur Folgendes bringen: Ihr Hund wird (vielleicht) müde. Er muss nicht nachdenken, er muss nur laufen, aufnehmen und wiederbringen. Gucken, laufen, aufnehmen, wiederbringen. Gucken, laufen, aufnehmen, wiederbringen und so weiter. Nicht besonders spannend. Und die Zusammenarbeit zwischen Mensch und Hund? Eigentlich nicht erkennbar. Wie bereits gesagt: Der Mensch degradiert sich selbst zur Ballwurfmaschine. Er ist in diesem Spiel durch irgendwen oder irgendetwas ersetzbar. Mehr Qualität bekommt diese Form der Beschäftigung, wenn der Hund so lange liegen bleiben muss, bis Sie ihn auffordern, den Ball zu holen. Oder rufen Sie ihn doch, während er in Richtung Ball läuft, mal zu sich zurück oder legen Sie ihn auf halbem Weg zum Ball ins Platz. Als Belohnung für das Gehorchen darf er dann wieder loslaufen und das Objekt seiner Begierde aufnehmen. Es gibt zig Möglichkeiten, vom einfachen Bällchenwerfen zu einem interessanten und sinnvollen Spiel zu kommen. Die eben beschriebenen Varianten dieses einfachen Spiels beinhalten sowohl den Erziehungsaspekt (das Ablassen von begehrten beweglichen Objekten auf Ihren Wunsch hin) als auch den Bindungsaspekt. Ihr Hund lernt, immer ein Auge und/oder ein Ohr auf Sie zu richten, denn er weiß ja nicht, was Sie sich als Nächstes einfallen lassen werden, und wartet gespannt darauf, was Sie vorhaben.

Wir sehen, bindungsrelevante Beschäftigungsideen für den Vierbeiner zeichnen sich nicht durch eine komplizierte Methode oder einen undurchsichtigen Spielaufbau aus. Man muss nicht erst an einem Seminar teilnehmen oder einen Kurs in einer Hundeschule besuchen, um sie richtig durchführen zu können. Vielmehr kann jeder zu Hause mit seinem Hund, ob zu zweit oder gemeinsam mit mehreren Hunden und Hundefreunden, Spaß mit Bindungsspielen haben. Es gilt nur, einige Grundregeln zu beachten:

Du gehörst zu mir

Wenn der Hund in andere Dinge vertieft ist, müssen wir vor dem eigentlichen Spiel zunächst seine Aufmerksamkeit erlangen.

- Der Hund muss auf seinen Menschen konzentriert sein. Es hat wenig Zweck, an einer besseren Bindung arbeiten zu wollen, wenn der Vierbeiner gerade damit beschäftigt ist, seinen Hundekumpel zu begrüßen oder Kaninchen aufzustöbern. Deshalb sollten wir unseren Hund immer darauf einstimmen, dass wir jetzt etwas von ihm wollen.
- Wir sind in unseren Handlungen nicht vorhersehbar und lassen uns im Spiel immer wieder eine überraschende Wendung einfallen. So bleiben wir interessant.

Bindungsspiele – was ist das?

- Bevor der Hund etwas von uns bekommt, fordern wir eine Gegenleistung dafür. Das muss nicht jedes Mal eine ausgereifte Performance sein, ein sehr zügig ausgeführtes „Sitz" reicht auch mal.
- Wir zwingen den Hund nicht, mit uns zu arbeiten. Ist er zu sehr abgelenkt oder hat er partout keine Lust, versuchen wir es zwei Schritte weiter oder ein paar Minuten später erneut.

Grundsätzlich lässt sich aus jeder Beschäftigung ein Spiel entwickeln, das Vertrauen und Zusammenarbeit im Mensch-Hund-Team fördert und somit auch die Bindung zwischen den beiden Partnern stärkt. Spiele, die weit weg vom Menschen stattfinden (wie das oben genannte Ballspiel), erfordern vom Zweibeiner allerdings immer ein hohes Maß an Konzentration und Disziplin. Außerdem bergen sie auch das Risiko, dass der Vierbeiner seine eigenen Wege geht. Das trifft besonders auf Hunde zu, die nicht zuverlässig auf ein Rückrufkommando reagieren. Wenn Sie also schon vorher wissen, dass sich Ihr Hund bei Erblicken eines anderen Vierbeiners am Horizont sofort auf den Weg zu diesem machen wird – trotz gerade geworfenem Spielzeug –, dann ist diese Art der Beschäftigung eher ungeeignet. Es sei denn, Sie sichern den Hund mit einer Schleppleine oder Sie befinden sich auf einem umzäunten Gelände.

Sehr gut geeignet, um die Beziehung zu stärken, sind hingegen körpernahe Aktivitäten wie Zerrspiele. Zahlreiche Anregungen für verschiedenste Variationen dieser und vieler anderer Formen von Bindungsspielen und Anleitung für die richtige Durchführung finden Sie im praktischen Teil dieses Buches.

Überblick über verschiedene Formen von Bindungsspielen

Um den alltäglichen Spaziergang aufzulockern, empfiehlt es sich, immer mal wieder ein Spiel einzubauen. Es gibt eine Fülle von Spielideen, auf die man zurückgreifen kann. Doch wie wir gesehen haben, trägt nicht jede Beschäftigung dazu bei, das Band zwischen Mensch und Hund zu stärken. Im Folgenden finden Sie einige grundlegende Tipps, wie Sie bekannte und beliebte Spielformen zu Bindungsspielen ausbauen können. Und da fast alle Spiele auch einen oder mehrere erzieherische Aspekte beinhalten, sind sie nicht nur als Bindungs-, sondern ebenso als Erziehungsspiele anzusehen. So lassen sich Spiel, Spaß, Erziehung und Bindung ganz leicht unter einen Hut bringen.

Alleinunterhalter

Im Handel gibt es verschiedenste mit Futter befüllbare Spielzeuge. Gerade wer nicht täglich die Zeit aufbringen kann, seinen Hund

*Futterbälle sind bei unseren Hunden ein beliebter Zeitvertreib.
(Foto: Tierfotoagentur.de/I. Pitsch)*

mit langen Spaziergängen und zusätzlichen Trainingssessions optimal körperlich und geistig auszulasten, greift gern auf diese Hilfsmittel zurück. Ihr Vorteil liegt ganz klar darin, dass der Vierbeiner eine relativ lange Zeit damit beschäftigt ist, sein Futter herauszupulen, während sich der gestresste Zweibeiner anderen Dingen widmen kann. Um an die begehrten Leckereien zu kommen, muss der Hund zum Beispiel einen Ball oder Würfel mit Nase oder Pfote durch die Wohnung rollen, einen gefüllten Gummiknochen hin und her schleudern oder Nassfutter aus einer kleinen Öffnung schlecken.

Alle diese Formen des Futterspiels schulen die Problemlösefähigkeiten des Hundes, und außerdem macht es den meisten Hunden Spaß, sich ein wenig für ihr Futter anzustrengen.

Auf den ersten Blick scheint diese Art der Beschäftigung zwar wenig zur Verbesserung der Mensch-Hund-Beziehung beitragen zu können, aber betrachten wir das Ganze doch etwas genauer:

Grundsätzlich ist alles, was den Menschen dazu bringt, sich Aufgaben für seinen Hund einfallen zu lassen, ein Schritt in die richtige Richtung, also hin zu einer engeren Bindung. Bieten wir unserem Hund ausreichend geistige und körperliche Beschäftigung, wird er es uns danken, indem er insgesamt ausgeglichener ist und weniger Unsinn anstellt. Denn Dinge zerstören, Leinenpöbelei, ständige Suche nach etwas Jagdbarem oder sofortiges Abhauen, sobald die Leine los ist, sind in erster Linie Anzeichen für chronische Unterbeschäftigung. Natürlich lösen sich nicht alle Probleme in Wohlgefallen auf, bloß weil der Hund beschäftigt wird, aber die Erfahrung zeigt, dass sich viele Verhaltensprobleme durch angemessene Auslastung deutlich bessern oder gar komplett verschwinden können.

Ein ausgeglichener Hund ist bereit, seinem Menschen zuzuhören, ihm seine ganze Aufmerksamkeit zu schenken und sich somit auf ihn einzulassen – eine wichtige Voraussetzung für den Aufbau einer innigen Beziehung.

Futterball und Co. sollte man aber nicht jeden Tag einfach nur befüllen und dann den Vierbeiner damit allein lassen. Gut ist schon mal, wenn wir unserem Hund ankündigen, was gleich passieren wird, und ihn dorthin

Bindungsspiele – was ist das?

mitnehmen, wo das (für ihn) Wundersame geschieht – das Essen wandert aus unserer Hand in das Spielzeug. Aus der Sicht unseres Hundes ist das unglaublich.

Legen Sie das fertig befüllte Teil auch nicht unkommentiert auf den Boden, nein, „fragen" Sie den zweifellos schon sabbernden und aufgeregten Vierbeiner in beschwörendem Tonfall, ob er das Spieli denn auch wirklich haben will. Zeigen Sie ihm, was Sie gerade Tolles für ihn geleistet haben. In den Augen des Hundes ist es eine geradezu heldenhafte Tat, dass Sie ihm nun einen Anteil Ihrer Verpflegung zukommen lassen. Das beweist, dass Sie wirklich alles im Griff haben und jemand sind, auf den Verlass ist – immerhin kümmern Sie sich erfolgreich ums Essen! Das ist für die meisten Hunde wichtiger als alles andere.

Sie sehen, auch ein Spiel, das dem Hund seine Alleinunterhalterqualitäten abverlangt, kann man zumindest teilweise zu einem Bindungsspiel ausbauen.

Sollte Ihr Hund ein eher unsicherer Zeitgenosse sein oder zum ersten Mal in den Genuss eines mit Futter gefüllten Spielzeugs kommen, so können Sie aus dieser Beschäftigungsform sogar ein perfektes Teamspiel entwickeln. Setzen Sie sich zu Ihrem Hund und zeigen Sie ihm deutlich, wohin das Futter verschwindet. Helfen Sie ihm anschließend, das Spielzeug zu bewegen, und achten Sie darauf, dass anfangs auch unbedingt jedes Mal ein Leckerchen herausfällt, damit er nicht frustriert aufgibt. Abhängig von der individuellen Frustrationstoleranz kann das sehr schnell gehen, es gibt aber selbstverständlich auch solche Vierbeiner, die stundenlang an einem Plastikding herumlutschen, ohne dass auch nur ein Krümel herausfällt – und das nur, weil sie riechen, dass da irgendwo etwas sein muss. Es ist Ihre Aufgabe zu erkennen, wie Ihr Hund „gestrickt" ist. Viele Hunde sind jedenfalls mit großer Begeisterung dabei, wenn es darum geht, sich gemeinsam mit ihrem Menschen die Lösung für das Problem der Futterbeschaffung zu erarbeiten – und was kann die Beziehung zwischen zwei Lebewesen besser stärken als erfolgreiches Teamwork?

Hingebungsvoll bearbeitet Spirou seinen gefüllten Kong®.

Spieltipp

Geben Sie nicht zu viel Geld für industriell gefertigte Futterspiele aus. Schlichte Haushaltsgegenstände lassen sich mit ein bisschen Fantasie leicht und schnell in immer wieder neue Herausforderungen für den Vierbeiner umwandeln. Machen Sie sich auf die Suche und Sie werden feststellen: In einem Durchschnittshaushalt gibt es jede Menge Dinge, die sich als Futterspender eignen. Hier einige Ideen:

(Foto: Nicole Röder)

- Stopfen Sie das Futter in eine leere Küchenrolle und verschließen Sie beide Seiten mit Küchenkrepp.
- Füllen Sie einen leeren Karton mit zerknüllter Zeitung und Futterbrocken.
- Breiten Sie ein großes Handtuch oder einen kleinen Teppich über am Boden verstreuten Futterbrocken aus.
- Füllen Sie etwas Trockenfutter in eine leere PET-Flasche.

Es muss kein teures Hundespielzeug sein. Eine mit Futter gefüllte PET-Flasche sorgt ebenso gut für lang anhaltenden Spielspaß in immer neuen Varianten

Bindungsspiele – was ist das?

Intelligenzspielzeuge

Diese meist aus Holz gefertigten Spielzeuge sind ein toller Zeitvertreib für Sie und Ihren Hund. Im Gegensatz zu den Futterspendern sind sie aber nicht dafür geeignet (und auch nicht dazu gedacht), dass sich der Vierbeiner allein mit ihnen amüsiert. Hier geht es darum, dass Sie gemeinsam mit ihm arbeiten. Der Haustiermarkt bietet wieder eine Fülle von Modellen, in den verschiedensten Ausführungen und Schwierigkeitsstufen (und selbstverständlich auch in den verschiedensten Preiskategorien).

Ähnlich wie bei den Futterspendern ist das Ziel, dass der Hund eine oder mehrere vorher in das Spielzeug gefüllte Leckereien wieder zutage bringt. Um seinen Lohn zu erhalten, muss er zum Beispiel etwas mit der Pfote oder Schnauze anschieben oder wegdrücken oder, für Profispieler, sogar eine komplexe Abfolge von Aktivitäten wie Ziehen, Drehen und Anheben ausführen.

Der Mensch feuert seinen Hund an, gibt Hilfestellung oder füllt das Spielzeug nur immer wieder nach – je nach Kenntnisstand des Hundes.

Und wieder ist es die Kombination aus Teamwork und geistiger Auslastung, die die Beziehung zwischen den beiden Sozialpartnern festigt. Bei manchen dieser Spiele wird der Vierbeiner vielleicht überhaupt keinen Ansatzpunkt finden oder sich sogar vor dem erschrecken, was passiert – aber an seiner Seite ist ja stets sein Zweibeiner, der ihm hilft, ihm zeigt, was er tun soll und ihn für jeden richtigen Arbeitsschritt belohnt (verbal oder mit Leckereien, die er ihm aus der Hand gibt). Da muss man als Hund doch in seinem Vertrauen bestärkt werden!

Intelligenzspielzeuge fordern die grauen Zellen. Kommt der Hund nicht auf die richtige Lösung, hilft der Mensch. (Foto: Tierfotoagentur.de/M. Kuhn)

Spieltipps

Auch individuelle Intelligenzspielzeuge lassen sich mit etwas Fantasie aus Alltagsgegenständen herstellen. Wer handwerklich begabt ist, kann aus Holz und/oder Plexiglas sogar große Ideen verwirklichen. Hier zwei Beispiele, um Ihren Ideenfluss anzuregen:

Das Hütchenspiel

Aus Joghurtbechern ist leicht und schnell ein einfaches Hütchenspiel hergestellt. Kleine Blumentöpfe oder Limonadenbecher aus Hartplastik eignen sich sogar noch besser, weil sie etwas schwerer sind als Joghurtbecher.

Für den Anfang reichen drei Becher aus. Setzen Sie sich damit und mit einer Portion Leckereien vor Ihren Hund und zeigen Sie ihm die leeren Becher. Nun stellen Sie die Becher vor seinen Augen auf den Boden. Achten Sie darauf, dass er sie noch nicht umschubst, sondern erst mal beobachtet, was passiert. Zeigen Sie ihm jetzt ein Leckerchen und legen Sie dieses unter einen der Becher, dann erlauben Sie ihm, die Leckerei zu suchen. Sollte er sich im Eifer des Gefechts schon darüber hergemacht haben, so strafen Sie ihn nicht dafür, sondern passen Sie beim nächsten Mal besser auf und achten Sie darauf, dass er das Suchkommando abwartet.

Beobachten Sie Ihren Hund bei diesem Spiel ganz genau. Geht er taktisch vor, wenn er nach dem Leckerchen sucht? Ist er zielstrebig und hat sich gemerkt, unter welchem Becher es versteckt ist? Wirft er alle Becher mit der Pfote um? Fürchtet er sich vor dem kratzenden Geräusch, wenn die Becher beim Beschnuppern verrutschen? In diesem Fall unterstützen Sie Ihren Hund verbal und halten den Becher kurz fest, bis er gemerkt hat, dass nichts passiert. Wenn Sie den Eindruck haben, dass das Spiel mit drei Bechern zu leicht für Ihren Hund ist, dann variieren Sie und bauen Sie Komplikationen ein. Sie wissen ja nun, zu welcher Problemlösungsstrategie Ihr Vierbeiner greifen wird. Also gehen Sie einen Schritt weiter und …

… nehmen weitere Becher hinzu.

… legen das Futter unter einen Becher, ohne dass der Hund vorher zuschauen darf.

… lassen ihn nur den Becher umstoßen oder aufnehmen, unter dem die Leckerei auch tatsächlich versteckt ist.

Bindungsspiele – was ist das?

Hütchenspiel für Einsteiger: Der Hund darf zusehen, wie das Leckerchen unter dem Hütchen verschwindet. Danach wird er auf die Suche geschickt.

Du gehörst zu mir

Der Zauberkasten

Nehmen Sie einen Pappkarton (Schuhkarton oder Ähnliches) ohne Deckel und schneiden Sie an einer der beiden kurzen Seiten eine Aussparung mittig in den oberen Rand. Stellt man die Kiste nun anders herum auf den Boden, dann ist sie nach oben geschlossen und die zuvor hineingeschnittene Öffnung erinnert an ein Mauseloch in einer Wand. Durch das Loch schieben Sie einen festen Pappstreifen, an dessen Ende ein Leckerchen

Stina sieht, wie das Leckerli verschwindet, und hat dann die richtige Idee: Sie zieht mit dem Maul am Faden und angelt es aus dem Kasten.

Bindungsspiele – was ist das?

befestigt ist, relativ weit in den Karton hinein (alternativ kann man auch einen dicken Wollfaden nehmen und die Leckerei daran festbinden). Das andere Ende des Pappstreifens oder Fadens ragt aber noch ein ganzes Stück weit heraus. Ihr Hund soll dabei zusehen, wie das Leckerchen verschwindet, denn seine Aufgabe ist es nun, an das „Goodie" zu gelangen. Dabei soll er den Karton nicht zerstören oder verrücken. Ziel ist, dass er mit Maul oder Pfote den Pappstreifen oder Faden aus dem Loch zieht und so das Leckerchen angelt.

Körpernahe Spiele

Wie man sich diese Spielform vorzustellen hat, erklärt allein schon der Name. Es geht nicht darum, etwas fortzuwerfen oder den Hund zu etwas hinzuschicken – direkter Körperkontakt ist hier gefragt.

Unter diese Rubrik fallen Zerrspiele ebenso wie das Einüben von Tricks, die Körperkontakt zwischen Mensch und Hund erfordern. Ich zähle auch Sozialkontakte, also Massagen, Streicheleinheiten und das Bürsten oder Untersuchen auf Parasiten dazu.

Egal ob Welpe, Junghund oder erwachsener Hund – fast alle lieben es, wie wild an einem Tau, Zergel oder einem ganz normalen Handtuch zu zerren und dabei spielerisch ein wenig vor sich hin zu knurren. Auch für uns Zweibeiner ist diese Art der Toberei eine willkommene Abwechslung. Wann sonst kann man

An Zerrspielen mit Tüchern haben Hunde jeden Alters Spaß. Bei Welpen darf allerdings nur vorsichtig gezogen werden, da die Kiefer für ein Wettziehen noch zu weich sind. (Foto: Tierfotoagentur.de/S. Starick)

Bindungsspiele – was ist das?

Einfach nur kuscheln ist wunderbar entspannend für Hund und Mensch. (Foto: Tierfotoagentur.de/A. Pfau)

sich noch mal wie ein Kind benehmen, auf Knien über den Boden robben und dabei unartikulierte Laute von sich geben?

Ist man mit seinem Hund in ein solches Spiel vertieft, gilt es, folgende Regeln zu beachten, damit das Spiel nicht ausartet, sondern einen bindungsfördernden Zweck erfüllt:

- Der Mensch beginnt und beendet das Spiel.
- Ihnen gehört das Zerrspielzeug, wenn Sie es sagen, und zwar ohne Diskussion. Aus einem Spiel darf niemals ein Machtkampf werden! (Dies sollten Sie immer und immer wieder üben, und zwar anfangs, indem sie das Zerrobjekt gegen ein Leckerchen oder ein noch beliebteres Spielzeug eintauschen.)
- Ernsthaftes Anknurren oder Zähnezeigen führt zum sofortigen Ende des Spiels. (Bei vielen Hunden gehört übermütiges Geknurre zu einem Zerrspiel dazu. Es liegt an Ihnen, Ihren Hund gut genug kennenzulernen, um sofort zu bemerken, wann aus dem Spiel Ernst wird.)

Doch nicht nur actionlastige Spiele bauen Vertrauen auf und knüpfen ein Band zwischen Mensch und Tier. Vielfach unterschätzt werden die ganz ruhigen, einfachen Mittel, mit denen wir unserem Hund zeigen, dass er der Einzige und Beste ist und dass er uns stets vertrauen kann. Das absolut kostengünstigste und durch nichts zu ersetzende, vertrauensbildende Mittel steht ausnahmslos jedem (egal ob Hundeanfänger oder Profi) zur Verfügung. Es ist genau das, was jeder instinktiv tut, wenn er ein Fellbüschel unter seinen Händen spürt: kraulen, massieren, streicheln – viele Begriffe für eine simple Handlung. Diese Momente der Ruhe und Einigkeit sollten Sie sich und Ihrem Hund täglich gönnen. Ich spreche hier nicht von stundenlangen Massageeinheiten nach neuesten Erkenntnissen der Physiotherapie oder dem „Geradebiegen" durcheinandergeratener Energiebahnen. Nein, es geht schlicht und ergreifend darum, es sich mit seinem Vierbeiner gemütlich zu machen, eine Hand (oder beide) in seinem Fell zu vergraben und ihn einmal richtig durchzukuddeln. Fast alle unsere Hunde genießen diese vertrauten Augenblicke mit uns so sehr, dass sie vor lauter Wonne irgendwann in den absonderlichsten Posen ihr Bäuchlein präsentieren, um sich auch dieses kräftig reiben zu lassen. Dabei werden die Augen geschlossen, die Atmung kommt zur Ruhe (manche Hunde schnaufen tief oder fangen sogar an, hemmungslos zu schnarchen), und auch uns Zweibeiner durchströmt meist eine regelrechte Glückseligkeit und Entspannung. Das ist besser als jedes teure Wellnesshotel, denn dies ist Vertrauen und tiefste Verbindung in reinster Form. Keine Worte, nur enger Körperkontakt und unser Hund, der sich völlig in unsere Hände gibt und dem wir nun zeigen können, dass er sich voll und ganz auf unsere Fähigkeiten als Beschützer verlassen kann, denn wir behalten ja den Überblick über die Vorkommnisse um uns herum – ein herrliches Gefühl für alle Beteiligten und ein wichtiger Bestandteil des Zusammenseins.

Der moderne Mensch, der ständig irgendwie unter Druck steht und eigentlich keine Zeit für gar nichts hat, kann diesen schönen Moment ungetrübter Einigkeit übrigens sogar zeitsparend mit anderen entspannenden Beschäftigungen kombinieren, ob Fernsehen, Lesen oder sich vom Partner die Füße massieren lassen – alles ist möglich. Eine tolle Sache, dieses Entspannen!

Das Füttern

Eine weitere nicht zu unterschätzende Tätigkeit, die tagein, tagaus die Verbindung zwischen Mensch und Hund stärkt, ist ebenso simpel wie Erfolg bringend: das Füttern.

Täglich geben wir unserem Hund die überlebenswichtige Ressource schlechthin: Nahrung. Aber in den wenigsten Fällen machen wir uns diese Tatsache zunutze. Im Normalfall schütten wir Futter in einen Napf, stellen die Schüssel hin und der Hund frisst – Ende des „Spiels". Manch einer stopft sich vielleicht vorher noch schnell selbst einen Keks in den Mund. Das wird häufig empfohlen, um dem Hund zu zeigen, dass der Mensch das „Alphatier" ist – nun ja, über

Zwei Golden Retriever erwarten ihr Futter – aufmerksamer geht es kaum. (Foto: Tierfotoagentur.de/M. Rohlf)

Bindungsspiele – was ist das?

Sinn und Unsinn solcher Dominanzgesten lässt sich streiten. Mehr passiert in den meisten Fällen nicht, dabei ist die Fütterung für einen Großteil unserer vierbeinigen Mitbewohner einer der größten Momente, wenn nicht sogar das Highlight des Tages. Sollten wir die Vorfreude darauf nicht etwas mehr ausnutzen? Von den mir bekannten Hunden, die nicht permanenten Zugang zu gefüllten Futternäpfen haben, sind ausnahmslos alle beim Anblick des leeren Napfes in der Hand ihres Menschen höchst aufmerksam. Nach diesem Konzentrationslevel würde sich jeder Hundetrainer in seinen Übungsstunden die Finger lecken. Der Hund verfolgt jeden Schritt, jede noch so kleine Bewegung seines Menschen. Es ist fast so, als wäre er ein Schwamm, der jedes Wimpernzucken in sich aufsaugt, nur um nicht den grandiosen Moment zu verpassen, in dem sich der gefüllte Napf langsam gen Boden senkt und er endlich „eintauchen" darf.

Zumindest hin und wieder sollten wir uns daher ganz bewusst Zeit nehmen und aus dem Füttern ein Ritual machen. Widmen Sie sich voll und ganz Ihrem Hund und zeigen Sie ihm deutlich, dass Sie derjenige sind, der das Essen bereitet und ihm großzügigerweise etwas davon gibt.

Geben Sie Ihrem Hund doch mal einen Teil des Futters aus der Hand. Erlauben Sie ihm vorher, Sie bei jedem Schritt zu begleiten: mit dem Napf in der Hand zur Futtertonne, wo dieser gefüllt wird, und von dort wieder in die Küche. Dort reichen Sie Ihrem Vierbeiner dann einen oder mehrere Brocken.

Sie können frei über die wichtigste Ressource verfügen. Nutzen Sie diese Tatsache und Sie werden Ihrem Hund mit ganz wenig Aufwand viel näher kommen.

Futterbeutel und Reizangel

Die Zeit an der frischen Luft können wir uns und unserem vierbeinigen Begleiter durch eine Vielzahl anspruchsvoller Spielideen verschönern. Besonders sogenannte Jagdspiele sorgen für Begeisterung. Sie sprechen den Urinstinkt unseres Hundes an, den er hin und wieder in geregelten Bahnen ausleben dürfen sollte.

Geeignete Hilfsmittel für kontrollierte Jagdspiele sind Futterbeutel und Reizangel, die hier näher vorgestellt werden.

Der Futterbeutel oder „Preydummy" ist ein Leinensäckchen, das mit allerlei Leckereien befüllt werden kann. Er soll als Ersatzbeute dienen, wobei ich selbst nicht glaube, dass er unserem Hund tatsächlich ein echtes Kaninchen oder anderes jagdbares Getier ersetzt. In meinen Augen ist er lediglich ein normales Hilfsmittel für die sinnvolle Beschäftigung von Hunden und eine tolle Möglichkeit, auch wenig apportier- oder suchbegeisterte Vierbeiner davon zu überzeugen, dass Suchen, Holen und Bringen durchaus Spaß machen – immerhin spuckt so ein „Preydummy" jedes Mal wie von Zauberhand etwas Leckeres aus, wenn man ihn brav bei seinem Menschen abliefert.

Du gehörst zu mir

Die Spielmöglichkeiten mit dem Futterbeutel sind nahezu unbegrenzt. Mit ein bisschen Fantasie lassen sich immer wieder neue Ideen entwickeln, wie man gemeinsam mit dem Hund einer von Erfolg gekrönten „Arbeit" nachgehen kann.

> **Tipp**
>
> Wem ein Preydummy aus dem Fachhandel zu teuer ist, der kann auch ein Schlampermäppchen aus Leder verwenden. Erfahrungsgemäß ist dessen Haltbarkeit aber begrenzt, vor allem der Reißverschluss ist eine Schwachstelle.

Der Futterbeutel wird mit Leckerchen befüllt und dann verschlossen. An den Inhalt kommt Laska nur, wenn ihr Frauchen den Beutel für sie öffnet. (Foto: Ralph Weires)

Ein neuer Trend in vielen Hundeschulen ist die aus der Jagdhundeausbildung stammende Arbeit mit der Reizangel. Immer mehr Familienhundehalter entdecken diese Art der Beschäftigung für sich und ihren Hund. Sie ähnelt dem Spiel, das oft mit Katzen gespielt wird. Die schnellen Bewegungen des an der Angel befestigten Objekts (zum Beispiel Socke, Futterbeutel oder Spieltau) aktivieren den Jagdtrieb des Hundes. Er wird dem scheinbar zum Leben erwachten Gegenstand nachjagen und versuchen, ihn zu erbeuten. Während wir den Katzen regelmäßig den Triumph des Beutefangs gönnen, ohne dass sie dafür etwas Besonderes geleistet haben, gelten für unseren Hund andere Spielregeln. Einfach so die Beute fangen gilt nicht. Ziel des Trainings mit der Reizangel ist, dass der Hund auch in hohem Erregungszustand noch im Gehorsam steht und sich auf Zuruf hinlegt, stehen bleibt oder eben zupackt. Gehen Sie zu Beginn der Arbeit mit der Angel sehr behutsam vor und verlangen Sie nicht zu viel von Ihrem Hund.

Kritiker dieser Art des Trainings gehen davon aus, dass so der Jagdtrieb erst geweckt wird. Ich bin der Meinung, dass dieser Trieb ohnehin schon in unseren Hunden schlummert, und finde es deshalb sinnvoll, ihnen mit solchen Übungen spielerisch beizubringen, auch aus vollem Lauf und wenn etwas vor

Bindungsspiele – was ist das?

ihrer Nase herumzappelt auf das Platz- oder Rückrufkommando zu hören.

Die preiswerte Variante der Reizangel aus dem Fachhandel ist eine circa 1,5 bis 2 Meter lange und leichte Stange, an der eine lange Schnur befestigt ist.

Das Spiel mit der Reizangel ist zugleich eine effektive Gehorsamsübung. Der Hund darf die Beute erst jagen und fangen, wenn er das Kommando dazu bekommt.

Spieltipp

Spaß mit dem Futterbeutel

• „Such!" und „Bring!" – Variante 1
Sie legen den Hund ab und verstecken den Futterbeutel in einiger Entfernung am Wegrand, zum Beispiel im Gras. Dann gehen Sie zurück und schicken Ihren Vierbeiner auf die Suche. Ziel ist, dass er den Beutel zuverlässig zu Ihnen zurückbringt, wofür er umgehend seine Belohnung daraus erhält. Sollte er sich öfter mal mit seiner Beute abseits von Ihnen hinlegen, um sich in aller Ruhe allein darüber herzumachen, arbeiten Sie so lange mit einer Schleppleine und „angeln" ihn samt Beutel zu sich, bis das Zurückbringen ohne Diskussion funktioniert.

• „Such!" und „Bring!" – Variante 2
Lassen Sie den Beutel während des Spaziergangs fallen und gehen Sie mit Ihrem Hund einige Meter weiter. Erst wenn Sie es ihm gestatten, darf er loslaufen und den Beutel holen. Abhängig davon, wie stark Ihr Hund auf den Beutel fixiert ist und wie zuverlässig er diesen zurückbringt, können Sie die Entfernung nach und nach sogar bis auf einige Hundert Meter ausdehnen.

Du gehörst zu mir

Eine Schmuseminute zwischendurch bringt Abwechslung in den Spaziergang. (Foto: Ralph Weires)

Bindungsspiele – was ist das?

Spaziergehspiele

Die Bezeichnung Spaziergehspiele mag dem einen oder anderen vielleicht mehr als fantasielos erscheinen. Das Wort beschreibt aber genau das, worum es geht – um Spiele, die man ohne viel Aufwand während des Spaziergangs spielen kann –, nicht mehr und nicht weniger.

Wir Hundehalter haben das große Glück, unser seelisches und physisches Gleichgewicht durch häufige Aufenthalte an der frischen Luft wiederherstellen zu können. Doch setzen uns einzuhaltende Termine oft in nicht beeinflussbarer Weise unter Druck, und der Spaziergang mit dem Vierbeiner wird nicht selten zu einer schnell zu absolvierenden Pflichtrunde. Häufig machen wir uns dann Gedanken darüber, ob und vor allem wie wir auch zeitlich kurze Runden für den Hund attraktiv gestalten könnten.

Stecken Sie sich doch einmal eine Handvoll Leckereien in die Jackentasche und lassen Sie diese plötzlich auf den Weg fallen, auf dass der Vierbeiner sie suchen soll. Eine weitere Möglichkeit wäre, sein Lieblingsspielzeug im Gebüsch oder anderswo zu verstecken und ihn danach suchen zu lassen. Vielleicht entdecken Sie ja auch einen Baumstumpf, den ihr Hund für eine Belohnung erklettern kann. Ein zu Boden gefallener Schlüsselbund oder eine Packung Taschentücher, die vom Hund aufgehoben und wiedergebracht werden, sind ebenfalls eine nette Abwechslung für zwischendurch. Oder hocken Sie sich ab und zu mal ohne großes Aufhebens zu ihm und herzen Sie ihn liebevoll, statt immer nur im selben Trott den Weg entlangzuschlurfen.

Sie sehen: Auch aus der Gassirunde, die man tagein, tagaus zur immer gleichen Tageszeit und in stets demselben Tempo geht, kann man durch ein paar kleine Änderungen und mit ein wenig Fantasie einen spannenden Ausflug machen.

Motivatoren
und andere Hilfsmittel

Du gehörst zu mir

Sieht man sich einmal im Fachhandel um, so wird man schier erschlagen von dem großen Angebot an Spielzeugen, Erziehungshilfen, Pflegemitteln, Aufbaupasten und nicht zuletzt Essbarem. Im Folgenden sollen sowohl Futtermittel als auch diverse Trainingshilfen und Spielzeuge vorgestellt werden, die Ihnen und Ihrem Hund als Beziehungsfestiger nützlich sein werden.

Das große Fressen

Wie die Überschrift schon sagt, geht es hier um das Motivationsmittel schlechthin: leckere Futterbrocken, die für unseren Vierbeiner eine erstrebenswerte Belohnung darstellen. Die meisten Hunde würden für ein „Goodie" wohl sogar ihren heiß geliebten Menschen verkaufen, insbesondere dann, wenn es reichlich ungesunde Geschmacksverstärker und wenig echtes, gutes Fleisch enthält. Künstliche Aromen scheinen viele Hunde nämlich zu Höchstleistungen anzutreiben. Sie sollten dennoch nicht in Mengen verfüttert werden, aber sie hin und wieder als Jackpot einzusetzen, ist nicht weiter schlimm. Wenn Sie zum Beispiel ein hochwertiges Trockenfutter füttern, dann verwenden Sie doch dieses als normale Belohnung und peppen Sie es mit ein paar schmackhaften Leckereien als Superbelohnung auf. Am besten messen Sie die Tagesration ab und verwenden einen guten Teil davon für Trainingseinheiten, statt alles aus dem Napf zu füttern. So können Sie Ihren Hund häufig belohnen, ohne dass er ungesunde und unansehnliche Fettpölsterchen entwickelt.

Ein toller und bei Hunden beliebter Jackpot sind Käse- oder Wurststückchen. Sie haben zudem den Vorteil, dass man sie sehr klein schneiden kann. Belohnungen in Form von Leckereien dienen schließlich nicht dazu, den Hund satt zu füttern, sondern sind lediglich ein Schmankerl für besondere Leistungen. Hier gilt: Weniger (also kleiner) ist mehr.

Wer seinem Hund etwas ganz Besonderes gönnen will oder ihm aus irgendeinem Grund kein Trockenfutter geben möchte, der kann mittlerweile, ohne größere Schweinerei anzurichten, Feuchtfutter oder auch Leberwurst als Zwischenbelohnung anbieten. Im

Futtertuben erlauben es, auch Feuchtfutter oder Leberwurst als Leckerli zu verfüttern. (Foto: Nicole Röder)

Motivatoren und andere Hilfmittel

Handel gibt es zu diesem Zweck seit einiger Zeit praktische Futtertuben. Sie erinnern an überdimensionierte, durchsichtige Zahnpastatuben, deren breites Ende aufgeschnitten ist. Hier befüllt man sie und verschließt die Öffnung mit einem Clip. Das Futter kann nun am anderen Tubenende portionsweise rausgedrückt werden.

Geeignete Spielzeuge

Was hält fit und jung und entspringt dem natürlichen Bedürfnis nach Bewegung und Beschäftigung in uns und in unserem Hund? Na klar – das Spiel mit den verschiedensten Utensilien. Hunde lieben es sehr, einem Ball

Wichtig!

Werden Leckerchen als Lohn für gute Arbeit oder erfolgte Aufmerksamkeit eingesetzt, bitte Folgendes beachten:

- Das Leckerchen sollte möglichst klein sein, um nicht zu sättigen.
- Handliche Leckereien ermöglichen zeitnahes Belohnen. Wer erst noch ein großes Stück zerbröseln muss, braucht zu lange. Muss der Hund viel kauen, wird er zudem in seiner Konzentration gestört.
- Für unterschiedliche Futterspiele sollte man immer eine Auswahl verschiedener Leckereien bereithalten (einige sollten im Wasser schwimmen, andere sich gut rollen lassen).
- Ganz wichtig: Der richtige Belohnungshappen schmeckt dem Hund!

Das bekannte Bällchen an der Schnur ist ein vielseitig verwendbares Spielzeug.

Du gehörst zu mir

Egal, ob Zerrknoten oder „nur" eine Socke: Das erklärte Lieblingsspielzeug ist für viele Hunde die größte Belohnung. (Foto: Ralph Weires)

hinterherzurasen und ihn uns wiederzubringen, in freudiger Erwartung, dass er noch einmal zum Hinterherjagen einladen möge. Und auch Zerrspiele mit einem Tau lassen die Herzen der meisten Vierbeiner höher schlagen. Für spielbegeisterte Hunde ist ihr Lieblingsspielzeug eine gleichwertige oder vielleicht sogar noch bessere Belohnung als jedes Futter.

Für die Spiele, die im zweiten Teil des Buches erläutert werden, eignen sich am besten Spielzeuge, die sowohl körpernah (zum Beispiel zum Zerren) als auch auf Entfernung (beispielsweise zum Werfen) genutzt werden können. Spieltaue taugen zwar wunderbar zum Zerren oder Verstecken, sind aber nicht gerade perfekte Wurfgegenstände, da sie kaum weiter als wenige Meter fliegen. Das bekannte „Bällchen an der Schnur" ist hingegen in meinen Augen eines der Trainingshilfsmittel schlechthin, weil man es für alles gebrauchen kann. Wichtig ist allerdings, dass der Ball zum jeweiligen Maul passt. Ist er zu groß, kann der Hund ihn nicht gut fassen, ist er zu klein, könnte er in den Hals rutschen oder gar verschluckt werden. Zudem sollte der Ball aus Hartgummi bestehen, damit ihn

Motivatoren und andere Hilfsmittel

der Hund nicht sofort zerstört, wenn er darauf herumkaut. Ebenfalls gut geeignet sind Schleuderbälle, bei denen sowohl die Schnur als auch der anhängende „Ball" aus dickem, geflochtenem Seil bestehen. Dieses Spielzeug lässt sich gut aufnehmen, es ist nicht zu hart und dadurch sehr angenehm im Maul. Daher wird es nach kurzem Üben auch gut von Hunden angenommen, die eigentlich nicht gern zerren oder Bälle wiederbringen.

Die noch immer oft zum Einsatz kommenden Tennisbälle sind hingegen tabu. An dem Filzbelag schleifen sich unsere Hunde bei häufigem Spiel den Zahnschmelz ab, und im Extremfall hat Ihr Hund nach einigen Jahren unbedachten Spiels statt eines imposanten Gebisses nur noch Stümpfe im Maul.

Hat der Vierbeiner ein absolutes Lieblingsspielzeug, so ist dieses für ihn ganz sicher die größte Belohnung, egal, ob es sich dabei um einen Ball oder „nur" um eine alte Socke handelt. Hauptsache, der Hund hat Spaß damit. Meine erste Hündin spielte zum Beispiel in den ersten beiden Jahren mit rein gar nichts von dem, was der Handel so hergab. Per Zufall entdeckte ich dann ihre Leidenschaft für alte T-Shirts, sodass wir von nun an beinahe täglich im Park oder auf dem Hundeplatz mit ausrangierten Shirts tobten. Selbstverständlich zogen wir damit jedes Mal die Blicke auf uns und ernteten nicht nur positive Kommentare, aber allen Unkenrufen zum Trotz hat dieser Hund niemals eigenständig den Wäschekorb oder Kleiderschrank geleert, um sich mit seinen Lieblingsspielzeugen zu vergnügen.

Der Clicker

Noch vor wenigen Jahren wurde man häufig belächelt, wenn man seinen Vierbeiner per „Knackfrosch" bestätigte. Mittlerweile ist der Clicker aus dem Hundetraining aber nicht mehr wegzudenken, und beinahe jeder, der

Den Clicker gibt es in verschiedenen Ausführungen, hier Box-Clicker (links) und Button-Clicker (rechts). Der Click kündigt die Belohnung an.

Du gehörst zu mir

Mit dem Clicker kann man seinem Hund die verrücktesten Dinge beibringen.

Motivatoren und andere Hilfsmittel

schon mal einen Hundeplatz betreten oder sich im Internet schlaugemacht hat, kennt ihn oder hat ihn bereits selbst ausprobiert.

Ich arbeite seit Langem mit dem Clicker und möchte ihn nicht mehr missen. Zwar ist dieses Hilfsmittel für die hier beschriebenen Spiele kein Muss, dennoch möchte ich kurz auf die Vorteile und die Nutzung des Clickers eingehen, falls der eine oder andere Leser davon Gebrauch machen möchte.

Der Clicker ist ein sogenannter sekundärer Verstärker, also eine Art Zwischenlob. Der Hund macht etwas gut, bekommt dafür einen Click und im Anschluss erst das Leckerchen. Dass der Click die Belohnung ankündigt, muss der Hund erst lernen. Das Leckerchen selbst ist ein primärer Verstärker, also eine Bestärkung, die der Hund direkt als Belohnung empfindet. Der Vorteil des Trainings mit sekundären Verstärkern wie dem Clicker ist, dass man den Vierbeiner damit immer punktgenau bestätigen kann, auch auf einige Entfernung.

Theoretisch klappt das auch mit einem Lobwort wie „Fein", doch ist man mit dem Clicker in der Regel schneller, und da der Knackfrosch immer dasselbe Geräusch von sich gibt, transportiert er keine Emotionen (die wir aus unserer Stimme nie ganz heraushalten können). Das Clicken ist ein unverwechselbares Geräusch für unseren Hund. Ein großer Vorteil, bedenkt man, dass Hunde täglich aus einer Vielzahl von Geräuschen wie unserer Stimme oder anderen Lauten in ihrer Umwelt das herausfiltern müssen, was für sie von Bedeutung ist. Der Clicker bietet hier eine Konstante. Sein Geräusch ist in seiner Klarheit schier unüberhörbar für den Vierbeiner.

Der Clicker eignet sich ausgezeichnet dafür, Übungen den letzten Schliff zu geben. Auch wenn der Hund Neues lernen soll, hilft der Clicker. Mit dem Click kann man nämlich jede noch so kleine Annäherung an das gewünschte Verhalten sofort belohnen. Nicht zuletzt ist das Clickertraining (insbesondere das sogenannte „freie Formen") eine tolle Methode, um dem Hund problemlösungsorientiertes Handeln beizubringen. Das heißt, der Hund lernt, dass er Verschiedenes ausprobieren muss, um zum Ziel zu kommen. Die Bestätigung durch den Click zeigt ihm den richtigen Weg. Wer sich genauer über das Clickern informieren möchte, findet im Anhang Tipps für entsprechende Literatur.

Leine, Halsband, Brustgeschirr

Nicht selten wird die Leine vom Menschen als etwas empfunden, das entspanntem Spazierengehen im Weg steht. Man muss sie ständig in der Hand halten, aufpassen, dass der Hund nicht hierhin oder dorthin zieht, und kann sich nicht voll und ganz seinen eigenen Gedanken widmen. Besonders lästig ist es, wenn der Vierbeiner das ordentliche An-der-Leine-Gehen niemals gelernt hat und sich mit seinem ganzen Gewicht so richtig ins Zeug legt, um so schnell wie möglich von A nach B zu zerren. Auch unsere Hunde finden diesen „Strick" oft

Du gehörst zu mir

Eine längere Leine und ein Brustgeschirr sind die richtige Ausstattung für Bindungsspiele im Freien.

nicht besonders toll, begrenzt er doch ihren Freiraum auf durchschnittlich 2 Meter. Da also häufig beide Partner die Leine nicht mögen, kommt sie eher selten zum Einsatz. Schade eigentlich, denn so lassen sich die Vorurteile gegenüber diesem doch sehr nützlichen Utensil kaum abbauen.

Auch mit der Leine können Mensch und Hund nämlich viel Spaß haben, und einigen Hunden tut es sehr gut, so lange oder so viel wie möglich an der Leine zu sein, wenn wir uns mit ihnen beschäftigen wollen. Gerade zu Beginn der Beziehung zwischen Mensch und Hund klappt die zuverlässige Mitarbeit des tierischen Begleiters nicht immer zu 100 Prozent, und die Leine kann helfen, die Aufmerksamkeit in die richtige Richtung (nämlich auf den Menschen) zu lenken.

Motivatoren und andere Hilfsmittel

Bei den im zweiten Teil des Buches beschriebenen Bindungsspielen für draußen ist es sehr sinnvoll, den Hund immer anzuleinen, solange er noch nicht zuverlässig bei uns bleibt. Um dennoch gut arbeiten zu können, empfiehlt sich eine Leine, die ein wenig Bewegungsfreiheit erlaubt. Sie sollte wenigstens 2 Meter, besser noch 3 bis 5 Meter lang sein. Bitte keine Rollleine (Flexileine oder Ähnliches), denn diese blockiert durch den sperrigen Griff nicht nur eine ganze Hand, sondern birgt beim gemeinsamen Spiel auch Risiken für Sie und Ihren Hund (Verbrennungen, Abschürfungen, Stürze durch Umwickeln der Beine und Erschrecken des Hundes, wenn der Handgriff zu Boden fällt und klappert).

Wenn Sie eine Leine in der für Sie angenehmen Länge gefunden haben, achten Sie darauf, dass sie gut verarbeitet und aus einem robusten Material ist. Des Weiteren muss das Gewicht von Leine und Karabinerhaken der Größe des Hundes angepasst sein: Weder sollte sein Kopf von einem überdimensionierten Karabiner in Richtung Boden gezogen werden, noch sollte der Karabiner so klein und schwach sein, dass er beim ersten kurzen Ruck in zwei Teile zerspringt.

Eine geeignete Leine ist nun also gefunden, woran aber sollte sie befestigt werden? Generell muss jeder Hundehalter selbst entscheiden, ob er seinen Hund mit Halsband oder mit Brustgeschirr führt. Ich bevorzuge gepolsterte Brustgeschirre, die auch dann die Halswirbelsäule nicht belasten, wenn der Hund beim Toben versehentlich in die Leine rennt. Gerade bei Einsteigern in die Kunst des Spielens an der Leine kann es zu unbeabsichtigten Verknotungen und damit auch zu kurzen Leinenrucks kommen. Deshalb möchte ich an dieser Stelle zum Erwerb eines gut sitzenden Brustgeschirrs raten, denn bei allem, was wir mit unserem Hund tun, sollte immer sein Wohlbefinden im Vordergrund stehen.

(Foto: Ralph Weires)

Nun sind also alle Vorkehrungen getroffen. Futterbelohnungen, Spielzeuge jeglicher Art, Futterdummys, gegebenenfalls Clicker, passende Leine und Brustgeschirr sind vorhanden – kommen wir also zum spannenden Teil dieses Buches: den Bindungsspielen.

Alle hier beschriebenen Übungen eignen sich für Hunde egal welcher Altersgruppe. Auch Rasse, Größe, Gewicht oder körperliche Konstitution sind in der Regel nicht von Bedeutung. Ist ein Spiel für bestimmte Hundegruppen besonders empfehlenswert, so wird darauf ausdrücklich hingewiesen.

Fast alle genannten Spielideen bedürfen keiner aufwendigen Vorbereitung und lassen sich gut in den Alltag integrieren. Auch der Kauf teurer Hilfsmittel ist nicht nötig, denn alles, was gebraucht wird, ist ohne Schwierigkeit in jedem Haushalt zu finden.

Für alle beschriebenen Spiele gilt, dass sie individuell verändert werden können. Die Anleitungen sind nur als Denkanstoß gedacht. Sie können den Spielaufbau also jederzeit an die speziellen Bedürfnisse Ihres Hundes anpassen. Das Wichtigste ist, dass alle Beteiligten Spaß haben. Viele Spiele lassen sich übrigens sehr gut miteinander kombinieren.

Die Spielideen sind in drei große Gruppen unterteilt: Spiele, die im Haus oder in der Wohnung durchgeführt werden können, Spiele für den täglichen Spaziergang mit und ohne Leine – diese beinhalten auch erziehungsrelevante Übungen wie Distanzkontrolle und richtiges Apportieren – und Spiele für mehrere Mensch-Hund-Teams.

Zum Schluss noch ein paar Worte zum Aufbau der Spielanleitungen: Als Erstes wird immer beschrieben, worum es bei dem jeweiligen Spiel geht. Dann erfahren Sie, welche Vorbereitungen Sie treffen müssen, wie das Spiel grundsätzlich aufgebaut ist und welche Variationsmöglichkeiten es gibt. Abschließend wird selbstverständlich auch erklärt, was genau das jeweilige Spiel zum „Bindungsförderer" macht.

Und nun viel Spaß beim Ausprobieren!

Bindungsspiele für drinnen

An einer guten Bindung arbeitet man im Grunde genommen überall und vor allem ständig, denn sie ist kein auf den Punkt abrufbares Kommando. Bindung ist eine Art innere Einstellung. Sie ist da – oder auch nicht. Wir möchten, dass unser Hund sich zu uns hingezogen und „an uns gebunden" fühlt, also müssen wir etwas dafür tun – selbstverständlich nicht nur draußen, sondern auch im Haus oder in der Wohnung. Und weil Bindungsarbeit den Beteiligten im besten Fall auch Spaß machen soll, finden Sie im Folgenden einige leicht umsetzbare Spielideen für drinnen. Sie alle lassen sich individuell an den jeweiligen Hund anpassen, sodass Sie mit ein bisschen Kreativität genau das Richtige für Ihren Hund finden werden.

Bindungsspiele für jederhund

„Indoor"-Spiele sorgen auch an Regentagen für Abwechslung.

Die „Indoor"-Spiele haben den Vorteil, dass man sie jederzeit ohne Aufwand in den Tagesablauf einbauen kann. Wenn es draußen in Strömen regnet und man nur ein paar Meter um den Block drehen konnte, sind sie eine tolle Möglichkeit, für ein wenig Abwechslung zu sorgen. Es wird immer wieder Tage geben, an denen wir unseren Hund, aus welchen Gründen auch immer, nicht ausreichend beschäftigen konnten. Mit einem dieser einfachen und kurzweiligen Spiele können wir dann leicht und schnell noch ein wenig zu seinem Wohlbefinden beitragen.

Aus der Hand in den Mund

Bis vor einigen Jahren war ich der Ansicht, dass man die Handfütterung nicht eigens erwähnen müsse, wenn man Menschen mit Hunden trainiert – sie schien mir eine Selbstverständlichkeit. Die Erfahrung hat mich jedoch eines Besseren belehrt, und deshalb sehen Sie es mir bitte nach, wenn ich hier kurz auf die Vorzüge der Handfütterung zu sprechen komme. Das Füttern aus der Hand lässt sich nämlich zu einer Art Spiel ausbauen, das man ganz leicht in den Alltag integrieren kann.

Du gehörst zu mir

*Füttern aus der Hand: einfach, aber effektiv.
(Foto: Tierfotoagentur.de/K. Lührs)*

⮕ **So wird's gemacht:** Statt dem Hund das Futter im Napf hinzustellen, nehmen Sie die Futterbrocken in die Hand und reichen sie ihm. Ob er nur einzelne Brocken oder gleich eine ganze Handvoll fressen darf, spielt keine Rolle. Wenn Sie möchten, lassen Sie ihn doch mal Sitz, Platz oder eine andere leichte Übung machen, bevor er den oder die nächsten Brocken erhält.

Ich meine damit nicht, dass Sie Ihren Vierbeiner die Hauptmahlzeiten von nun an Stück für Stück erarbeiten lassen sollen, aber zwei, drei Übungen können nicht schaden.

Selbstverständlich muss auch niemand seinem Hund für die nächsten 15 Jahre jede Mahlzeit aus der Hand reichen, denn das anständige Fressen aus dem Napf will ebenso gelernt und geübt werden. Hin und wieder

Solange der Hund aktiv versucht, an das Futter zu kommen, bleibt die Hand geschlossen.

Bindungsspiele für jederhund

mal eine Portion aus der Hand zu füttern ist jedoch bei Weitem die unkomplizierteste aller Bindungsübungen.

➲ **Varianten:** Bei Neuzugängen empfiehlt es sich, nicht einfach kommentarlos zu füttern, sondern hin und wieder mit beruhigender Stimme zu sagen, was er (oder sie) doch für ein „Feiner" ist, und den Namen des Hundes häufig zu nennen – so lernt das neue Familienmitglied gleich, dass sein Name aus Ihrem Mund etwas Positives bedeutet.

Wir legen einen Futterbrocken auf unsere Handfläche. Sobald der Hund mit der Nase herankommt, schließen wir die Hand, sodass er das Futter nicht erreichen kann. Setzt er sich nun hin und schaut uns erwartungsvoll an, erlauben wir ihm durch ein Hörzeichen (zum Beispiel „Nimm"), das Futter von unserer Handfläche zu nehmen. Wir verwehren ihm das Futter also immer so lange, wie er es aktiv fordert. Sobald er zur Ruhe gekommen ist, sich auf uns konzentriert und auf unsere Erlaubnis wartet, bekommt er die Leckerei. Dies ist ein leichter Trick, um unserem Hund zu zeigen, dass wir die Entscheidungen treffen und es immer ratsam ist, zur Ruhe zu kommen und Kontakt mit uns aufzunehmen.

➲ **Nutzen:** Mit der Handfütterung vermitteln Sie Ihrem Hund gleich mehrere Dinge:
- Ich bin ein super Frauchen/Herrchen, weil du von mir tolles Futter bekommst.
- Zu mir kannst du aufschauen, denn ich teile eine wichtige (wenn nicht sogar die wichtigste) Ressource mit dir.
- Mir kannst du vertrauen, und es lohnt sich immer, zu mir zu kommen und mir Aufmerksamkeit zu schenken.

Insbesondere wenn man einen Welpen oder einen erwachsenen Hund gerade erst zu sich genommen hat, ist die Handfütterung eine unverzichtbare, vertrauensbildende Übung. In der Regel ist es ratsam, in den ersten Wochen jede Mahlzeit aus der Hand zu füttern. Hunde, die aus ihrer gewohnten Umgebung herausgerissen werden und sich in eine neue Familie integrieren sollen, erkennen dadurch schnell und leicht, zu wem sie gehören, an wem sie sich orientieren und wem sie vertrauen können.

Auch bei sehr ängstlichen oder scheuen Hunden hat sich diese Art der Fütterung schon tausendfach bewährt.

Den Boden wischen

Hier wird ein Zimmer oder die ganze Wohnung im Handumdrehen zum Parcours für ein kurzweiliges Suchspiel umfunktioniert. Wir können dabei mit dem Hund zusammenarbeiten, indem wir clever versteckte Leckereien gemeinsam mit ihm aufspüren. Wir können ihn aber auch allein nach den von uns gut verteilten Futterbrocken suchen lassen.

➲ **So wird's gemacht:** Wir bewaffnen uns mit einer Schüssel Trockenfutter und verteilen die Futterbrocken großzügig in dem Zimmer, wo

Fortgeschrittene Sucher finden die Leckereien auch in schwierigen Verstecken, wie hier im Bücherregal.

unser Hund sich schnüffelnd austoben soll. Während wir die Leckereien auf dem Boden verteilen, wartet der Vierbeiner entweder in einem Nebenraum oder er darf uns aus der Platzposition beobachten. Entscheiden wir uns dafür, dass der Hund unser Tun beobachten darf, so müssen wir unbedingt sorgsam darauf achten, dass er tatsächlich liegen bleibt, bis wir ihm das Kommando zum Suchen geben. Viele Hunde neigen oft dazu, sich unauffällig an das nächstliegende Leckerchen heranzurobben, um bereits vorab einmal zu kosten.

Wenn das gesamte Futter verteilt ist, holen wir unseren Vierbeiner aus dem Nebenraum oder entlassen ihn aus der Platzablage und fordern ihn mit einem Kommando wie „Such die Leckerli!" zur Suche auf.

Die Futtersuche kann auch auf die Terrasse ausgeweitet werden.
(Foto: Tierfotoagentur.de/M. Wegner)

Bindungsspiele für jederhund

⊃ **Varianten:**
- Mehrere Zimmer oder eine ganze Etage präparieren.
- Futter nicht nur auf dem Boden auslegen, sondern auch schwierigere Verstecke einbauen: unter einen Teppich, unter ein Handtuch, in ein Regalfach, in einen Blumentopf oder unter umgedrehte Becher legen; in alte Socken stopfen; auf die Sitzfläche von Stühlen legen; im Bett verstecken (sofern der Hund ins Bett darf); in Schuhe füllen – der Fantasie sind keine Grenzen gesetzt.
- Einige Futterbrocken so verstecken, dass der Hund sie nicht ohne Hilfe erreichenkann. Sobald er anzeigt, dass an dieser Stelle etwas liegt, helfen wir ihm und loben ihn dafür, dass er uns die Leckerei gemeldet hat.

Wichtig!

Verstecken Sie das Futter nur an Orten, an denen der Hund auch sonst schnüffeln darf. Wer also grundsätzlich nicht möchte, dass der Vierbeiner seine Nase in die Blumentöpfe steckt, der sollte diese zur Tabuzone erklären und auch im Rahmen von Spielen keine Ausnahmen zulassen.
Ermutigen Sie Ihren Hund verbal, Verschiedenes auszuprobieren, und loben Sie ihn kräftig, wenn er auf dem richtigen Weg ist.

⊃ **Nutzen:** Ein Zimmer in eine Art Schlaraffenland zu verwandeln, ist innerhalb weniger Minuten geschehen. Unser Hund ist jedoch um ein Vielfaches länger damit beschäftigt, alle Verstecke aufzustöbern. Wir sorgen also mit wenig Aufwand für viel Beschäftigung. Zudem lernt der Hund spielerisch, seine Nase gezielt einzusetzen und sich über einen längeren Zeitraum zu konzentrieren. Ganz nebenbei kann man sogar am Grundgehorsam arbeiten: Der Hund muss im Platz warten, bis er das Kommando zum Suchen bekommt.

Nicht nur zur Auslastung und Erziehung trägt dieses simple Spiel bei. Wenn wir die Leckereien gut versteckt haben, können wir unserem Vierbeiner beim Aufspüren helfen und zeigen ihm damit, wie wichtig und Erfolg versprechend das Teamwork mit uns ist. Der Hund lernt, dass es sich lohnt, uns immer im Auge zu behalten und auf uns und unsere Bewegungen zu achten.

Auch wir selbst können bei diesem Spiel viel lernen, indem wir unseren Hund beim Suchen ganz genau beobachten. Wie geht er vor? Mit System (wenn ja, mit welchem?) oder sucht er scheinbar völlig planlos?

Übrigens ist allein die Vorfreude auf das kommende Abenteuer die Mühe schon wert. Beobachten Sie doch mal aus dem Augenwinkel, wie sehr sich Ihr Hund anspannt und jede Bewegung verfolgt, die Sie beim Verstecken der Leckerchen machen. Bald werden Sie selbst sich schon mit ihm freuen, wenn er mitten im Wohnzimmer platziert ist und versucht, jede Ihrer Bewegungen mitzubekommen und sich jedes Versteck zu merken.

Du gehörst zu mir

Tipps für Suchprofis

- **Leckerchen an der Schnur:**
Fädeln Sie die Leckereien auf eine lange Schnur, die Sie in der Wohnung aufhängen. Bauen Sie verschiedene Schwierigkeiten ein, indem Sie zum Beispiel die Schnur an einer Seite so hoch hängen, dass der Hund auf ein Podest oder Ähnliches steigen muss, um an alle Leckerchen zu gelangen.
- **Hinter verschlossener Tür:**
Verstecken Sie eine Leckerei oder auch ein Spielzeug in einer Schublade oder einem Schrank. Der Hund muss die Schublade oder Schranktür aufziehen, um an das Objekt der Begierde zu gelangen. Binden Sie ein Tuch an den Griff, um dem Hund das Öffnen zu erleichtern.

Ein Tuch am Griff ermöglicht dem Hund das Öffnen von Schranktüren.

Überraschungskiste

Diese Kiste ist sozusagen das Überraschungsei für unsere Vierbeiner: Spannung, Spiel, aber keine Schokolade. Stattdessen ein Gewirr aus Papierschnipseln und darin versteckten Leckereien.

⊃ **So wird's gemacht:** Wir nehmen eine geräumige Kiste, deren Größe zu der des Hundes passen sollte. Um einen Chihuahua längere Zeit zu erfreuen, mag ein Kinderschuhkarton ausreichen, während eine Dogge wohl eher die Umverpackung einer Gartenbank braucht. Ich selbst verwende am

Bindungsspiele für jederhund

anschließend verstecken wir darunter oder dazwischen Leckerchen oder Spielzeuge.

Unser Hund befindet sich derweil in der „Bleib"-Position (Sitz oder Platz) und beobachtet unsere Aktivitäten. Alternativ kann man die Kiste in einem Nebenraum befüllen, sodass er davon gar nichts mitbekommt.

Die präparierte Kiste stellen wir nun auf den Boden und fordern den Hund auf, nach

Suchspaß zu zweit!

Deckel zu? Das lässt sich ändern.

liebsten Pappkartons; wer mag, kann aber auch eine entsprechend große Kiste aus Plastik nehmen.

Zum Füllen bedarf es nun einer größeren Menge Altpapier oder anderen Füllmaterials wie verschieden großen (Hand-) Tüchern, alten T-Shirts oder ausrangierten Socken. Damit stopfen wir die Kiste zunächst voll, und

Du gehörst zu mir

den Leckereien zu suchen. Beim ersten Mal sind viele Hunde etwas zögerlich, trauen sich oft nicht so recht, ihren Kopf in die Kiste zu stecken und darin herumzustöbern – aber sobald sie gemerkt haben, dass es etwas Tolles zu holen gibt, schnüffeln und wühlen sie sich wie ein Wildschwein durch den Inhalt der Kiste.

➲ **Varianten:** Um den Inhalt der Kiste noch schwerer zugänglich zu machen, können Sie einen Deckel auflegen, den der Hund mit Nase oder Pfote wegschieben muss.

Wollen Sie das Spiel zu einer Gehorsamsübung ausbauen, so können Sie von Ihrem Hund auch verlangen, nach jedem gefundenen Leckerchen noch mal kurz zu Ihnen zurückzukommen. Folgt er, wird er gleich darauf wieder auf die Suche geschickt.

Oder verstecken Sie die gesamte Kiste irgendwo im Haus. Ist dann noch ein Deckel aufgelegt, hat der Hund eine ganze Reihe von Aufgaben zu bewältigen. Er muss die Kiste finden, sie öffnen und nach Leckereien suchen. Vollprofis unter den Vierbeinern können zum Schluss sogar noch das verstreute Füllmaterial wieder zusammensammeln und zurück in die Kiste räumen.

Wer keine Angst vor Schmutz hat oder die Übung mal nach draußen verlegen möchte, der kann die Kiste auch mit Sand oder Blumenerde füllen und die Leckereien darin vergraben – aber Achtung: Der Hund wird bei all dem Spaß mit Sicherheit keine Rücksicht auf den in unmittelbarer Nähe liegenden weißen Designerteppich nehmen.

Wichtig!

Sollte Ihr Hund zu den Vierbeinern zählen, die alles inhalieren, was auch nur geringfügig nach Essen riecht, so empfiehlt es sich dringend, die Kiste ausschließlich mit Zeitungs- oder anderem Papier zu füllen – verschluckte Socken oder andere Textilien sind kein Spaß.

➲ **Nutzen:** Die Überraschungskiste ist nicht nur ein spaßiger Zeitvertreib. Neben dem gezielten Einsatz der Nase (was viele Hunde so auslastet, als wäre man eine halbe Stunde spazieren gegangen) lernen unsichere Vierbeiner, ihre Angst vor fremden Dingen zu überwinden. Viele Hunde haben anfangs eine gesunde Scheu davor, ihren Kopf in einer gefüllten Kiste zu versenken. Der Karton ist in der Regel auch so leicht, dass er wegrutscht, wenn der Hund mit dem Körper daranstößt. Auch das kann dazu führen, dass er erst mal Abstand nimmt.

Entdecken Sie gemeinsam mit Ihrem Hund, dass dieser unheimliche Karton eine genauere Untersuchung wert ist. Durch das gemeinsame Erkunden wird sein Vertrauen in Sie gestärkt und somit automatisch die Bindung gefestigt.

Dieses Spiel eignet sich besonders gut für junge und sehr zurückhaltende Hunde, denn nicht nur das Vertrauen in den Menschen, sondern auch das Selbstvertrauen kann durch solche Abenteuer aufgebaut werden.

Bindungsspiele für jederhund

Keine Angst – wir schaffen das!

In unserer Umwelt gibt es jede Menge Dinge und Situationen, die für uns zwar ganz normal sind, unseren Hund aber in Angst und Schrecken versetzen können. Glatte Böden, Hängebrücken oder Aufzüge gehören für uns Zweibeiner zum Alltag, viele Hunde müssen diese Dinge aber erst einmal kennenlernen, um sie ohne Misstrauen zu bewältigen. Je öfter wir unseren Vierbeiner mit Ruhe und Geduld an vermeintlich unheimliche Dinge heranführen, desto leichter wird es ihm fallen, sich an uns zu orientieren und unserer Einschätzung zu vertrauen. Machen Sie sich also auf in die Innenstadt und durchforsten Sie Ihren Keller: Es gibt mehr zu entdecken, als es auf den ersten Blick scheint.

➲ **So wird's gemacht:** Zum Einsatz kann alles kommen, was für den Hund nicht alltäglich ist, sofern es keine Verletzungsgefahr birgt und nicht so klein ist, dass es verschluckt werden könnte. In der Regel finden sich zu Hause die verschiedensten geeigneten Dinge: Füllmaterial aus Paketen, unterschiedliche Folien (zum Beispiel Alufolie), Tüten, Luftballons, Kreisel, Eimer und vieles mehr. Was genau der Hund damit tun soll, muss man sich im Vorfeld überlegen. Für viele Materialien gibt es ganz unterschiedliche Verwendungsmöglichkeiten. Ein Beispiel ist die Luftpolsterfolie: Der Hund kann darüberlaufen, etwas darunter suchen oder die Folie apportieren.

Ein so stark glänzender Untergrund ist manchem Hund zunächst unheimlich.

Die gestellte Aufgabe sollte den Fähigkeiten des Hundes entsprechen. Während es für sehr unsichere Hunde schon eine große Herausforderung sein kann, über einen ausgebreiteten gelben Sack zu ihrem Futternapf zu gehen, lassen sich mutigere Zeitgenossen selbst durch puffende Luftpolsterfolie nicht aus der Ruhe bringen. Hier sind Hunde individuell verschieden, und Sie als Besitzer wissen in aller Regel am besten, womit Sie Ihren Hund herausfordern können.

Halten Sie Leckereien und Spielzeug zur Motivation bereit.

Du gehörst zu mir

Auch beim Spaziergang finden sich immer wieder neue Herausforderungen, wie etwa das Laufen über eine Holzbrücke.

damit fordern, dass er eine kleine oder große Tonne (Plastikpapierkorb, Futtertonne oder Ähnliches) mit der Nase oder Pfote so anstupsen soll, dass sie vor ihm herrollt.

Wenn nach einiger Zeit bereits der komplette Hausrat zu Übungszwecken herhalten musste und nichts Interessantes mehr übrig ist, dann können Sie auch in die freie Natur ausweichen. Hier findet sich immer irgendwo eine neue Herausforderung, und sei es nur das Überwinden einer schmalen schwankenden Brücke, eines gefällten Baumstamms oder eines Bretterstegs.

➲ **Varianten:** Wie bereits gesagt, ist bei diesem Spiel Ihre Fantasie gefragt. An dieser Stelle einige Anregungen: Neben dem zuvor schon erwähnten Überschreiten verschiedener Untergründe könnten Sie Ihren Hund

Wichtig!

Falls Ihr Hund bei einer Übung Angst oder Unsicherheit zeigt, zwingen Sie ihn nicht dazu, sondern gehen Sie behutsam vor. Soll er beispielsweise eine Plane überschreiten, so locken Sie ihn Schritt für Schritt mit Leckerchen ans Ziel. Belohnen Sie ihn jedes Mal großzügig, wenn er sich ein Stückchen weiter vorgewagt hat. Sprechen Sie ruhig, aber bestimmt mit ihm und vermitteln Sie ihm so Sicherheit. Hat Ihr Hund seine Angst überwunden, nehmen Sie das Hindernis gleich noch mal gemeinsam mit ihm in Angriff und freuen Sie sich dann riesig über das bestandene Abenteuer.

Bindungsspiele für jederhund

➲ **Nutzen:** Der Hund lernt, sich neuen Herausforderungen zu stellen und seinem Menschen zu vertrauen, auch wenn dieser etwas von ihm verlangt, das zunächst unheimlich erscheint. Je mehr gemeinsame Abenteuer wir bestehen, desto stärker wird das Band, das uns und unseren Hund verbindet. Es wird immer weniger Situationen geben, in denen der Vierbeiner sich aus Angst vor etwas Unbekanntem von uns abwendet. Er lernt durch dieses Spiel nämlich, dass er am besten ganz dicht bei uns bleibt, weil wir ihn sicher führen werden.

Insbesondere für junge Hunde ist dieses Spiel sehr wichtig. Sie lernen so von Anfang an, dass sie ihrem Menschen in jeder Situation vertrauen können. Wir Menschen lernen, unseren Hund besser zu lesen: Wann fängt er an zu zögern, wie können wir ihn „überreden", etwas zu tun; welche Belohnung motiviert ihn am besten? Und wir lernen vor allem, geduldig zu sein und die schrittweise Annäherung an das Gewünschte schon als Erfolg zu werten.

Der Weihnachtsstrumpf

Ähnlich wie bei der Überraschungskiste ist auch beim Weihnachtsstrumpf der Name Programm und sagt, was man braucht: Nein, Weihnachten muss nicht unbedingt sein, aber ein Strumpf wird benötigt. Besonders gut geeignet ist dieses Spiel für Hunde, die lernen sollen, mit ihrem Menschen zu spielen.

Spaß mit Strumpf.

Du gehörst zu mir

➲ **So wird's gemacht:** Man nehme eine alte Socke sowie Leckerchen und/oder Spielzeug. In die Socke steckt man das Objekt oder die Objekte der Begierde und knotet sie dann zu, sodass der Inhalt gut verpackt ist und nicht herausfallen kann.

Nun präsentieren wir unserem Hund die verknotete Socke, indem wir uns in seiner Nähe hinsetzen und das Päckchen selbst untersuchen. In der Regel erwecken wir damit sofort seine Neugierde. Er wird sich zu uns begeben, woraufhin wir ihm die Socke hinhalten, damit er sie unter die Lupe nehmen kann. Schnüffelt er sehr interessiert daran und versucht, sie aufzubeißen, um an den Inhalt zu kommen, ziehen wir an der Socke. Wir beginnen also ein Zerrspiel. Wichtig ist dabei, dass wir immer wieder die Herausgabe der Socke von ihm fordern (zum Beispiel durch das Hörzeichen „Aus"). Lässt er los, erhält er die Socke als Belohnung sogleich wieder zurück. Natürlich darf er auch zwischendurch an der Socke nagen, denn erst, wenn ein Loch darin ist und den Inhalt preisgibt (den wir ihm selbstverständlich großzügig überlassen), ist das Spiel beendet.

➲ **Varianten:** Verstecken Sie die Socke an allen möglichen Stellen im Haus oder im Garten und lassen Sie Ihren Hund danach suchen. Achten Sie nur darauf, dass er seinen Fund immer zu Ihnen bringt und sich erst nach Ihrer Erlaubnis daranmacht, die Socke auseinanderzunehmen.

Hat man keine Zeit, sich länger mit dem Hund zu beschäftigen, dann kann man ihm die gefüllte Socke auch „schenken" und zum Zeitvertreib überlassen. Sie sollten aber immer in der Nähe bleiben und zur Sicherheit ein Auge auf Hund und Beute haben. Nicht alle Hunde nagen nur fein säuberlich ein Loch in die Socke, um die Leckereien herauszulutschen, und lassen sie danach links liegen. Einige kommen auch auf die Idee, die Socke gleich mit zu verspeisen, weil diese nach dem Futter riecht. Das kann gefährlich werden.

Wichtig!

Sollte Ihr Hund tendenziell futterneidisch sein oder haben Sie andere sogenannte „Rangordnungsprobleme", so achten Sie bei diesem Spiel genau auf das Verhalten Ihres Vierbeiners. Falls er Ihnen die „Beute" ernsthaft streitig machen will, brechen Sie das Spiel sofort ab. Es ist sehr wichtig, dass Sie Ihrem Hund die Socke jederzeit abnehmen können beziehungsweise er sie auf Ihr Kommando hin freiwillig wieder hergibt.

➲ **Nutzen:** Dieses Spiel macht einfach Laune – sowohl dem Hund, der mit der gefüllten Socke kämpfen und herumtoben darf, um an ihr Inneres zu gelangen, als auch dem Menschen, der den Vierbeiner dabei beobachtet oder mit ihm zusammen die Beute „erlegt".

Bindungsspiele für jederhund

Hier ist nicht nur tolles Teamwork möglich, es kann auch spielerisch geübt werden, dass Essbares immer zuerst zum Menschen gebracht wird, bevor es verspeist werden darf, und dass der Hund auf Kommando seine Beute jederzeit loslässt.

Das Wohnungslabyrinth

In jedem Haushalt finden sich allerlei Gegenstände, aus denen man in null Komma nichts einen kleinen Geschicklichkeitsparcours er-

Aus Besen und Büchern entsteht im Nu ein Sprunghindernis.

stellen kann. Etwas zum Überspringen, Erklettern oder Durchkriechen ist immer vorhanden. Gemeinsam mit dem Hund solche Hindernisse zu meistern, fördert zum einen dessen Vertrauen in uns als Führungsperson, und zum anderen lehrt es uns, wie wir unserem Vierbeiner am besten dabei helfen können, eventuell vorhandene Unsicherheit zu überwinden.

> **Tipp**
>
> Man muss Tunnel und Ähnliches nicht unbedingt im Hundefachhandel kaufen. Oft ist solches Zubehör wesentlich günstiger, wenn es eigentlich für Kinder gedacht ist.

➲ **So wird's gemacht:** Suchen Sie ein Zimmer aus, das Platz genug bietet, um mithilfe verschiedenster Gegenstände in einen Geschicklichkeitsparcours verwandelt zu werden. Sammeln Sie alles zusammen, was der Hund umlaufen, durchkrabbeln, übersteigen oder überspringen kann, und werden Sie kreativ. Bauen Sie aus einer Wolldecke und Stühlen einen Tunnel oder aus zwei Blumentöpfen und einer Besenstange eine niedrige Hürde. Statt der Blumentöpfe können Sie auch Bücher als Unterlagen für den Besenstiel verwenden. Ebenfalls gut als Sprunghindernisse geeignet sind die großen, langrechteckigen Balkonblumenkästen. In einem Türrahmen platzierte Stühle, stellen den Hund vor die Frage: Untendurch kriechen oder darüberklettern?

Die Länge des Parcours richtet sich nach dem Aufwand, den man betreiben möchte, und nach der Größe des Zimmers. Auch eine oder zwei Stationen reichen schon aus.

Überlegen Sie nun, was Ihr Hund an den Stationen genau tun soll, und führen Sie ihn dann durch den Parcours. Als Motivation dienen Leckereien oder das Lieblingsspielzeug.

Vielen Hunden bereitet das Durchlaufen des dunklen Tunnels Schwierigkeiten. Gehen Sie dann Schritt für Schritt vor. Platzieren Sie an das Ende des Tunnels die Belohnung, zeigen Sie Ihrem Hund, wo der Eingang ist, und legen Sie von dort aus auch ruhig eine Leckerchenspur zum Ausgang. Heben Sie die Decke anfangs so weit an, dass der Hund den Ausgang sieht, und erhöhen Sie erst nach einigen erfolgreichen Durchläufen den Schwierigkeitsgrad, indem Sie die Decke so weit herunterhängen lassen, dass der Ausgang verdeckt ist.

Helfen Sie Ihrem Hund, feuern Sie ihn an und loben Sie ihn für jedes erfolgreiche Überwinden eines Hindernisses. Manchmal ist viel Geduld gefragt, aber wenn es dann klappt, haben Sie Ihrem Hund sehr deutlich gezeigt, dass Sie eine gute Führungsperson sind, auf die er sich jederzeit verlassen kann.

➲ **Varianten:** Hier noch einige weitere Ideen für etwas ungewöhnlichere Hindernisse: Ein Hula-Hoop-Reifen eignet sich nicht nur

Bindungsspiele für jederhund

hervorragend als einfaches Sprunghindernis, sondern man kann ihn auch mit Zeitungspapier oder dünnem Seidenpapier bekleben und mit dem Hund den Sprung durchs Papier üben – ein tolles Kunststück, das besonders Kinder begeistert.

Auch ein ausrangiertes Skateboard, das unser Hund mit der Nase anstoßen soll, ist als Station denkbar. Der Vierbeiner kann es mit der Nase in eine Richtung schieben, und er kann das Board sogar wieder zurückbringen, indem er sich mit den Vorderpfoten daraufstellt und es mit den Hinterbeinen anschiebt.

Wichtig!

Denken Sie daran: Nicht jeder Hund stürzt sich bereitwillig in Abenteuer. Gehen Sie deshalb behutsam vor. Bemerken Sie Angst oder Unsicherheit, braucht Ihr Hund mehr Hilfestellung von Ihnen. Gestalten Sie die betreffende Station leichter und belohnen Sie jeden noch so kleinen Schritt in die richtige Richtung.

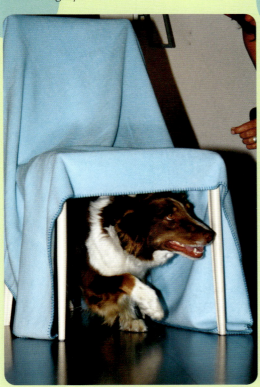

Ein Tunnel aus Stühlen und einer großen Decke.

Was heißt hier Tunnel? Eine prima Schlafhöhle ist das!

Du gehörst zu mir

⮕ **Nutzen:** Dieses Spiel eignet sich besonders gut für unsichere und junge Hunde. Aber auch bei extrem eigenständigen Vierbeinern hat es einen Nutzen, denn der Hund lernt hierbei, dass er sich immer auf seinen Menschen verlassen kann und es manchmal sogar muss, um eine gestellte Aufgabe zu bewältigen.

Die gemeinsame Bewältigung eines komplexen Parcours hat also ohne Zweifel einen äußerst positiven Einfluss auf die Beziehung zwischen Mensch und Hund. Teamarbeit schweißt zusammen und stärkt die Bindung. Sie werden feststellen, dass Ihr Hund Sie nach mehreren gemeinsam bestandenen Abenteuern mit völlig anderen Augen sieht. Dies wird sich auch an seinem Gehorsam im Alltag zeigen.

3 … 2 … 1 … meins … oder deins?

Das gemeinsame Toben mit einem Spielzeug gehört für die meisten Menschen und ihre Hunde zu den täglichen Ritualen. Die im Folgenden dargestellte Variante lebt im Wesentlichen vom Spannungsaufbau, mit dem wir das Spiel beginnen. Der Hund lernt dadurch, seine Erregung unter Kontrolle zu halten und uns genau zu beobachten.

⮕ **So wird's gemacht:** Wir nehmen ein geeignetes Zerrspielzeug zur Hand (zum Beispiel Zerrseil oder Ball an der Schnur) und legen unseren Hund ins Platz. Nun positionieren wir uns ihm direkt gegenüber. Zwischen die

Wann geht es endlich los?

Bindungsspiele für jederhund

Das Geräusch reißenden Stoffs lockt auch weniger zerrfreudige Hunde aus der Reserve.

beiden „Parteien" legen wir sehr langsam und feierlich das Spielzeug. Langsam deshalb, weil wir Spannung im Hund aufbauen möchten. Der Abstand zwischen Mensch und Spielzeug sowie Hund und Spielzeug sollte ungefähr 50 Zentimeter betragen.

Jetzt starren wir, die Hände noch neben unserem Körper, das Spielzeug an. Hin und wieder zucken wir mit einer Hand, als könnten wir uns kaum mehr beherrschen und würden uns jeden Moment das Spielzeug schnappen. Auf ein Kommando hin (ich sage „Okay") dürfen sich sowohl der Hund als auch der Mensch auf das Objekt der Begierde stürzen – wer es als Erster hat, ist Sieger und kann, je nach Lust und Laune, zu einer Toberunde mit der Trophäe einladen.

Viele Hunde brauchen eine Weile, bis sie begriffen haben, worum es geht. Es dauert, bis sie Spannung wegen eines einfach nur so daliegenden Spielzeugs aufbauen. Doch wenn Sie selbst nur einige Male genug schauspielerisches Talent aufbringen, um Ihrem Hund zu suggerieren, dass ihn gleich der größte Spaß der Welt erwartet, wird er bald schon begeistert mitspielen.

Du gehörst zu mir

Schwieriger wird es bei den Hunden, deren innere Anspannung sich so schnell und massiv aufbaut, dass sie sich kaum wieder beruhigen. Bei diesen Kandidaten besteht ein erstes Übungsziel darin, dass sie lernen, liegen zu bleiben, bis das Okay-Signal zum Toben kommt. Dazu wird der zeitliche Abstand zwischen Warten und Zupacken in kleinen Schritten erhöht. So kann man auf ganz einfache Weise die Toleranzschwelle und gleichzeitig die Konzentrationsfähigkeit leicht erregbarer Hunde erhöhen.

⮕ **Varianten:** Wenn der Hund nicht von sich aus mitzerrt, kann man es statt mit dem handelsüblichen Zerrspielzeug auch mit einer Socke, einem alten T-Shirt oder Ähnlichem versuchen. Manche Hunde animiert erst ein entsprechendes Geräusch (hier das des reißenden Stoffs) zum Toben und Zerren um die „Beute".

Selbstverständlich muss das Spiel nicht immer auf dem Zimmerboden stattfinden, man kann es auch auf das Sofa (sofern für den Hund erlaubt) oder nach draußen auf die Wiese verlegen.

⮕ **Nutzen:** Hund und Mensch lernen, sich gemeinsam auf eine Sache zu konzentrieren, und der Hund begreift sehr schnell, dass wir es sind, die das Kommando zum „Jagdeinsatz" geben. Zudem ist dieses Spiel eine tolle Art, miteinander zu toben, und wie fast alle körpernahen Spiele ist es eine gute Möglichkeit, den Hund enger an sich zu binden.

Wir Menschen lernen bei diesem Spiel, den aktuellen Erregungszustand unseres Hundes richtig einzuschätzen und besser zu kontrollieren.

Wellness ist für alle da

Kaum ein Hund, der seinem Menschen vertraut, genießt es nicht, sich so richtig durchkraulen zu lassen. Den Hund öfter mal ordentlich durchzukneten hat nicht nur den Vorteil, dass wir eventuelle Verletzungen oder Hautveränderungen schnell bemerken, sondern es festigt auch die Beziehung.

Wichtig!

Der Hund darf nicht einfach so nach dem Spieli greifen, bloß weil er das Warten nicht mehr aushält. Es geht nicht nur darum, einen lustigen gemeinsamen „Beutezug" zu erleben, sondern unser Vierbeiner soll auch spielerisch lernen, seine Triebe so lange im Zaum zu halten, bis wir ein Freikommando geben. Auch sollte man dieses Spiel nur mit Hunden spielen, die sich nicht ernsthaft mit ihrem Menschen um ein Spielzeug streiten würden. Wir wollen ja die Beziehung zueinander stärken und nicht unsere Glaubwürdigkeit als souveräner Zweibeiner aufs Spiel setzen, indem wir uns auf einen echten Kampf einlassen.

Bindungsspiele für jederhund

Es gibt kaum etwas Schöneres als einen tief entspannten Hund, der uns seinen völlig ungeschützten Bauch präsentiert, verzückt die Augen schließt und sich ganz unserem Gekraule hingibt. Nach einem stressigen Arbeitstag ist das für uns selbst tausendmal besser als Baldrian oder Fernsehen.

Für den Hund als Sozialwesen ist diese Form des Kontaktes zu seinen Bezugspersonen sehr wichtig. Sie stärkt in jeder Hinsicht das Vertrauen. Nehmen Sie sich also regelmäßig die Zeit, ausgiebig mit Ihrem Hund zu kuscheln.

➲ **So wird's gemacht:** Ob auf dem Boden oder auf der Couch ist egal – Hauptsache, Sie widmen Ihrem Hund für ein paar Minuten Ihre volle Aufmerksamkeit. Rufen Sie ihn zu sich, fordern Sie ihn auf, sich hinzulegen, und beginnen Sie, seine Ohren zu kraulen. Gehen Sie nun dazu über, mit den Händen in kreisenden Bewegungen von den Ohren entlang des Halses über den Brustkorb bis zu den Hinterbeinen zu streichen. Selbst eher unruhige Gesellen werden sich schon nach kurzer Zeit aus der Platzposition auf die Seite legen. Bei vielen Hunden dauert es auch nicht lange, bis sie sich auf den Rücken drehen, um sich den Bauch kraulen zu lassen. Besonders kreisende Bewegungen mit der flachen Hand und leichtem Druck über den kompletten Hundekörper bringen dem Hund tiefe Entspannung.

➲ **Nutzen:** Gerade Hunden, die häufig eher überdreht sind und sich nicht so leicht entspannen können, hilft die regelmäßige Massage beim Abschalten. Bei diesem Ritual erfahren sie, dass sie nicht immer alles im Blick behalten müssen, sondern sich „gehen lassen" können, während wir unsere Aufgabe als Beschützer wahrnehmen.

Schön, wenn man mal gemeinsam so richtig „abhängen" kann.

Du gehörst zu mir

Spielideen für Feld und Flur

Über die Bindung zwischen sich und seinem Hund denkt man als Hundehalter spätestens dann nach, wenn man sich beim Spaziergang plötzlich allein auf weiter Flur befindet und statt des vierbeinigen Begleiters nur noch eine Staubwolke am Horizont zu erkennen ist. Kommt dann als Reaktion auf mehrfaches Rufen nichts als das Echo zurück, beginnen viele nicht nur am Gehorsam, sondern auch an der bisher vielleicht als gefestigt empfundenen Bindung zu zweifeln. Zum Trost: Viele Hunde, die ihre Ohren in der freien Natur auf Durchzug stellen und sich lieber um anderes kümmern als um ihren Zweibeiner, haben durchaus eine gute Bindung zu diesem. In der Regel fehlt ihnen lediglich der Spaßfaktor beim gemeinsamen Spaziergang und sie suchen sich ihr Abenteuer selbst.

Im Folgenden wird eine Reihe einfacher Spielideen vorgestellt, mit denen Sie Spaziergänge für Ihren Hund spannender gestalten, die Bindung stärken und nebenbei auch noch die Grunderziehung auffrischen und festigen können. Und das alles funktioniert viel unkomplizierter, als manch einer denken mag.

Draußen erwarten Mensch und Hund vielfältige Herausforderungen. Man muss sie nur finden.

Bindungsspiele für jederhund

Öfter mal mit Leine

Für fast alle der hier vorgestellten Spiele muss der Hund nicht unbedingt frei laufen. Man kann auch sehr gut mit dem angeleinten Hund spielen. Empfehlungen für die geeignete Leine finden Sie im ersten Teil dieses Buches.

Die Leine ist ein Hilfsmittel, um den Vierbeiner im wahrsten Sinne des Wortes an uns zu binden. Ziel sollte jedoch immer die innere Bindung zwischen Mensch und Hund sein und nicht die durch Hilfsmittel erzwungene. Allein deshalb sollte auch mit einem Hund, der immer an der Leine laufen muss, aktiv an dieser inneren Bindung gearbeitet werden. Leider ist häufig zu beobachten, dass die Beschäftigung mit diesen Hunden sich nur auf die üblichen Gehorsamsübungen beschränkt. Dabei gibt es eine Vielzahl schöner Bindungsspiele, die auch Leinenspaziergänge auflockern können.

Nicht nur für Hunde, die aus den unterschiedlichsten Gründen draußen immer angeleint sein müssen, sind Bindungsspiele an der Leine empfehlenswert. Auch Hunde, die das Laufen an der Leine erst lernen sollen (beispielsweise Welpen und Junghunde), können davon profitieren, wenn hin und wieder mal ein wenig Abwechslung ins Leinentraining gebracht wird. In der Regel finden nämlich gerade junge Hunde diese bewegungseinschränkende Schnur völlig überflüssig und hegen eine starke Abneigung dagegen. Durch lockere Spieleinheiten an der Leine lernen sie, dass man trotz dieser Einschränkung auch Spaß haben kann und dass dieses Ding gar nicht so blöd ist, wie es sich vielleicht anfühlen mag.

Suchspiele sind auch an der Leine möglich.

Du gehörst zu mir

Zerrspiele – aber richtig

Die meisten Hunde lieben das Gerangel und Gezerre um ein Spielzeug. Das gilt insbesondere für junge Hunde, die noch gern ihre Kräfte messen und sich auspowern wollen. Egal, ob mit einem anderen Hund oder mit dem Zweibeiner – Zerren macht Spaß, müde und glücklich, und es gehört deshalb auf den Spielplan jedes Hundes. Doch nicht alle Vierbeiner machen es uns so leicht, dass wir nur mit einem Zerrseil vor ihrer Nase wedeln müssen, um die wildeste Toberei in Gang zu setzen. Manche Hunde erwarten eine regelrechte Zeremonie, in der man ihnen das Spielzeug zunächst schmackhaft macht und sich dabei nicht zu schade ist, die wildesten Verrenkungen zu vollführen und die tollsten Beschwörungsformeln zu murmeln.

Zerren macht Spaß – ganz gleich ob mit zwei- oder vierbeinigen Spielpartnern. (Foto: Nicole Röder)

Bindungsspiele für jederhund

Die wichtigste Voraussetzung für das gemeinsame Zerrspiel mit dem Hund: Auf Kommando muss der Vierbeiner sofort loslassen.

⊃ **So wird's gemacht:** Wenn man seinen Hund zu einem Spiel animieren will, sollte man ihm auch etwas bieten. Es reicht nicht, lustlos zwei-, dreimal mit dem Spieli vor seiner Nase herumzuwedeln, um dann achselzuckend aufzuhören, mit den Worten: „Der will halt nicht" (wie leider immer wieder zu beobachten). Erstaunlicherweise zeigen gerade Hunde, die ihrem Zweibeiner auf diese uncharmante Spieleinladung hin erst mal eine Abfuhr erteilen, oft plötzlich jede Menge Elan, wenn man ihnen das Spiel nur richtig präsentiert. Und das geht so:

- Bewegen Sie sich und das Spielzeug. Ziehen Sie das Spieli in Zickzackbewegungen über den Boden oder werfen Sie es sich direkt vor die Füße und schnappen Sie gleich wieder danach.
- Sprechen Sie Ihren Hund an: „Oh, was hab ich denn hier? – Schau mal, das ist toll! – Na, willst du es? Willst du es wirklich?"
- Sorgen Sie für Action! Und dabei ist alles erlaubt, hier sollte Ihnen gar nichts peinlich sein.

Beginnt sich der Vierbeiner nun für das Spielzeug zu interessieren, kann es losgehen. Eine wilde Toberunde beginnt. Ob Sie mit dem Hund auf dem Boden krabbeln und um das Spielzeug kämpfen oder sich mit ihm eine Verfolgungsjagd um die vermeintliche Beute liefern – alles, was beiden Spaß macht, ist erlaubt.

Wichtig!

Damit das gemeinsame Zerrspiel ein Spaß bleibt, sollten Sie Folgendes beachten:

- Der Hund darf Ihre Hand nie mit dem Spielzeug verwechseln. Sollte das auch nur ansatzweise passieren, wird das Spiel sofort beendet.
- Ihr Hund muss das Objekt der Begierde sofort loslassen, wenn Sie es sagen.
- Ihr Hund darf mit der Beute nicht einfach abhauen. Deshalb ist es ratsam, hin und wieder mal an der Leine zu spielen, damit er nicht mit dem Spielzeug türmen kann.
- Ernst gemeintes Knurren und Zähnefletschen sind tabu und haben den sofortigen Abbruch des Spiels zur Folge!
- Das Spiel darf nicht ausufern. Wenn Sie merken, dass Ihr Hund überdreht, fordern Sie das Spielzeug ein. Hören Sie dann entweder auf oder warten Sie, bis der Vierbeiner sich wieder beruhigt hat, und spielen Sie erst dann noch eine Runde.
- Zerrspiele mit Welpen dürfen nicht zu wild werden. Wenn junge Hunde zu stark zerren, können der noch weiche Kiefer oder die Zähne Schaden nehmen.

⇨ **Nutzen:** Körpernahe Spiele mit dem Hund haben den Vorteil, dass er sich dabei voll und ganz auf uns konzentriert und wir nebenbei Gehorsamsübungen einfließen lassen können (wie zum Beispiel das „Aus"). Auch können wir unserem Hund mit diesen Spielen eindrucksvoll zeigen, wie viel Spaß und Action er mit uns haben kann – auch an der Leine.

Kündigen wir das Spiel immer mit denselben Worten an („Na, schau mal, magst du damit spielen?"), können wir unseren Hund schon bald mit genau diesen Worten auf uns aufmerksam machen, wenn er abgelenkt ist – etwa durch seinen am Horizont auftauchenden Lieblingsfeind. Mit körpernahen Spielen zeigen wir unserem Vierbeiner immer wieder aufs Neue, dass wir zu Recht der Mittelpunkt seines Universums sind.

Und natürlich kann unser Hund bei dem wilden Gezerre am Spielzeug prima Stress abbauen, und überschüssige Energie wird sich bei solcher Toberunde quasi in Luft auflösen.

Rechts, links oder geradeaus?

Dieses Spiel eignet sich besonders gut für Hunde, die draußen zu glauben scheinen, dass sie ihrem Menschen keinerlei Aufmerksamkeit schenken müssen. Lässt uns unser Hund also permanent links liegen, weil er lieber mal hier schnuppern und mal dort markieren möchte, können wir ihn mit der im Folgenden beschriebenen Strategie wieder aus seiner Traumwelt herausholen.

Bindungsspiele für jederhund

Langeweile beim Spaziergang?

Ein Richtungswechsel ... *... bringt neuen Schwung.*

Empfehlenswert ist das Spiel auch für Hunde, die ununterbrochen mit vollem Gewicht in der Leine hängen, um vorwärtszukommen.

↪ **So wird's gemacht:** Für diese Übung muss unser Hund angeleint sein. Das Spiel beginnt, wenn der Vierbeiner seinen Menschen schon eine Weile ignoriert hat oder wenn er gerade wieder mal wie ein Minister in der Leine hängt und nicht ansprechbar scheint. Jetzt ändern wir abrupt die Richtung, drehen also entweder urplötzlich um und gehen wieder dorthin zurück, wo wir herkamen, oder wir schlagen eine scharfe Rechts- oder Linkskurve – und zwar ohne den Hund vorher darauf aufmerksam zu machen. Selbstverständlich reißen wir ihn dabei aber nicht von den Beinen und wir lassen ihn auch nicht schmerzhaft in die Leine rennen. Es geht lediglich darum, ihn mit dieser plötzlichen Entwicklung der Dinge zu überraschen. Sie werden sehen, wie leicht das bei den meisten Hunden gelingt und wie interessant wir ihnen auf einmal wieder erscheinen. Sobald unser Hund dann aufmerksam an lockerer Leine neben uns geht, loben wir ihn. Verbal, mit einem Leckerchen oder indem wir kurz stehen bleiben und mit ihm schmusen. Auch ein Zerrspiel ist eine schöne Belohnung für einige Meter entspanntes Gehen an der locker durchhängenden Leine.

↪ **Varianten:** Anstelle eines überraschenden Richtungswechsels kann man auch plötzlich losrennen. Unsere Hunde sind begeisterte Läufer, und noch viel besser als allein loszuflitzen finden sie es, wenn wir Zweibeiner gemeinsam mit ihnen auf große Jagd gehen. Schauen Sie doch während des Sprints mal in die Augen Ihres Hundes – Sie werden sehen, wie diese vor Lebenslust und Freude strahlen.

Wichtig!

Will man innerhalb einer festgelegten Zeit an einem bestimmten Punkt ankommen, ist diese Übung nur bedingt geeignet. Man läuft schließlich hin und her, vor und zurück – das kann selbst Ziele, die räumlich in kurzer Distanz liegen, zeitlich in weite Ferne rücken lassen.

Bei diesem Spiel ist es auch sehr wichtig, darauf zu achten, dass man dem Hund nicht aus Versehen Schmerzen zufügt. Um die Halswirbelsäule zu schonen, ist zu einem gut sitzenden gepolsterten Brustgeschirr statt eines Halsbandes zu raten. Neigt ein Hund generell zu starkem Ziehen an der Leine, ist ein Brustgeschirr ohnehin die richtige Wahl, da es ihm nicht die Atemwege zuschnürt. Achten Sie bei am Halsband ziehenden Hunden einmal auf die pfeifende oder röchelnde Atmung.

Bindungsspiele für jederhund

➲ **Nutzen:** Diese Übung zeigt unserem Hund, dass wir doch nicht ganz so durchschaubar sind, wie es ihm manchmal scheinen mag. Sie bestätigt ihn darin, dass das Herumstromern mit uns immer wieder aufregend ist, denn jeden Moment könnte ja etwas Unvorhergesehenes geschehen. Diese Spannung bringt Leben in die Beziehung.

Alles ist ein Spielzeug

Die meisten Hunde spielen außerordentlich gern, und das oft bis ins hohe Alter. Voraussetzung ist, dass die Hunde in jungen Jahren das Spielen gelernt haben und dass wir Menschen wissen, wie wir unseren Vierbeiner dazu animieren können. Von einem Hund, der auf der Straße geboren und aufgewachsen ist, können wir nicht erwarten, dass er für ein Quietschi dieselbe Begeisterung zeigt wie einer, der seine Welpenzeit behütet bei verantwortungsbewussten Züchtern und einer liebevollen Familie verlebt hat. Und doch wird sich auch der Hund mit schwieriger Vergangenheit mit einiger Übung vom Unterhaltungswert des gemeinsamen Spiels mit seinem Menschen überzeugen lassen.

Bei meiner ehemaligen Straßenhündin ist es, wie bereits gesagt, ein Tuch oder T-Shirt,

Praktisch, wenn man seinen Hund für alles begeistern kann. (Foto: Ralph Weires)

Du gehörst zu mir

das sie mit mir gemeinsam toben lässt – ein anderer Hund begeistert sich vielleicht für eine Klopapierrolle. Egal was, Hauptsache wir kriegen unseren Vierbeiner dazu, mit uns gemeinsam „Beute" zu machen. Meiner Meinung nach ist es unglaublich wichtig, unseren Hund in jeder Situation und egal mit was zum Spielen bewegen zu können. Nicht nur, weil gemeinsames Spiel die Bindung festigt, sondern auch, weil wir unseren Hunden gewisse Entscheidungen abnehmen sollten. Wir entscheiden, wann sie still an einem Artgenossen vorbeizugehen haben, und wir entscheiden auch, wann es Zeit für ein Spiel ist. Denn während sich der Hund mit uns und unseren Ideen beschäftigt, kann er sich keinen (vielleicht gefährlichen oder ärgerlichen) Blödsinn einfallen lassen.

➲ **So wird's gemacht:** Wichtig ist, dass der Hund schon gelernt hat, überhaupt mit seinem Menschen zu spielen. Sie wissen dann auch, wie sich Ihr Hund am besten motivieren lässt. Die große Herausforderung bei diesem Spiel

Welcher Zapfen ist wohl unserer?

Bindungsspiele für jederhund

besteht nun darin, die Aufmerksamkeit des Hundes in jeder Situation erhaschen zu können. Das Ziel ist, den eigenen Hund mit allem, was sich gerade anbietet, zu einem Spiel zu animieren – ganz gleich ob Tannenzapfen, herabgewehte Blätter oder Strohhalme.

Mit geheimnisvoller Gestik und Gemurmel beschäftigen wir uns zunächst allein mit dem, was wir als Spielzeug auserkoren haben. Unser Hund wird dieses Ding, das unsere Aufmerksamkeit so sehr fesselt, schon bald genauer betrachten wollen. Kommt er neugierig heran, tun wir für eine Weile weiter so, als sei das Objekt nur zu unserem Wohlgefallen da. Kurz darauf animieren wir ihn damit aber zu einer gemeinsamen Toberunde. Ob wir den Gegenstand wegwerfen und auch selbst direkt hinterherlaufen, oder ob wir ihn in Schlangenlinien und im Zickzackkurs auf unseren Hund zu- und von ihm wegbewegen – alles ist erlaubt. Hauptsache, wir erreichen damit, dass der Vierbeiner sich von allem anderen abwendet und nur noch Augen für das gemeinsame Spiel hat.

Wichtig!

Überlegen Sie sich vor diesem Spiel, was in Ihren Augen absolute „No-Goes" sind. Wenn Sie nicht möchten, dass Ihr Hund ab und zu von sich aus die Leine anschleppt oder auf die Idee kommt, diese anzunagen, dann sollten Sie grundsätzlich nicht mit der Leine spielen. Gleiches gilt für Kleidungsstücke. Wenn Sie Angst haben, dass Ihr Hund sich unbemerkt Zugang zu diesen verschaffen könnte, um sie dann auseinanderzunehmen, sind Kleidungsstücke generell tabu.
Und wie bei jedem Spiel ist auch hier wichtig, dass Sie Beginn und Ende festlegen.

⊃ **Varianten:** Statt mit einem gefundenen Objekt zu spielen, könnte man den Hund auch danach suchen lassen. Eine besondere Herausforderung ist ein Tannenzapfen, den man zu Beginn des Spaziergangs aufgehoben hat und einige Zeit später zwischen andere Zapfen auf dem Weg fallen lässt. Wenn wir diesen dann gemeinsam mit unserem Hund suchen und uns über den Fund des richtigen Zapfens freuen, ist das wunderbar erfolgreiches Teamwork.

⊃ **Nutzen:** Wer seinen Hund immer und überall, auch ohne mitgebrachtes Equipment, zum Spielen animieren kann, ist auch jederzeit in der Lage, ihn abzulenken. Das kann von unschätzbarem Wert sein, beispielsweise dann, wenn sich unser Hund durch ein ungewöhnliches Geräusch erschreckt hat oder wenn wir seinem Lieblingsfeind begegnen. Die gemeinsame Arbeit mit uns lenkt von der Stresssituation ab und wir können als souveräner Anführer zeigen, dass es Wichtigeres gibt, als Ärger zu machen oder ängstlich zu sein.

Du gehörst zu mir

Immer aufpassen!

Diese Übung ist so simpel wie Erfolg versprechend. Für das Spiel ist kaum Vorbereitung nötig und es lässt sich überall ganz leicht durchführen, egal, ob drinnen oder draußen, zu Hause oder unterwegs. Sogar wenn wir nicht allein mit unserem Hund sind, sondern uns mit jemandem unterhalten möchten, ist diese beziehungsfördernde Maßnahme nebenbei realisierbar, ohne das Gespräch unterbrechen zu müssen. Das Einzige, was wir brauchen: eine Hosentasche voller Leckereien.

➲ **So wird's gemacht:** Der Hund sollte sich in unserer Nähe befinden, ob angeleint oder nicht ist Nebensache. Nun geht es schlicht und ergreifend darum, für unseren Hund völlig unvorhersehbar hin und wieder eine Leckerei aus der Tasche zu zaubern. Wenn er sich uns zuwendet und Blickkontakt sucht, ist das schon eine Möglichkeit, ihm dafür kommentarlos etwas Gutes zu geben. Auch wenn er beim Spaziergang unvermittelt zu uns kommt, können wir ihm etwas geben – egal, wie oft, und egal, ob wir ihn dabei ansprechen oder nicht – Hauptsache, er bekommt hin und wieder etwas dafür, dass er bei uns ist.

➲ **Nutzen:** Gerade Hunde, die ihrem Menschen nur selten von sich aus Aufmerksamkeit schenken, lassen sich auf diese Weise ganz leicht davon überzeugen, dass Zweibeiner jederzeit für eine Überraschung gut sind. Sie stellen fest, dass es sich erstens lohnt, immer mal wieder von sich aus nach Herrchen oder Frauchen zu schauen, und man zweitens auf jeden Fall sofort zu ihnen eilen sollte, wenn sie einen ansprechen. Das mit dem Futter klappt ja sogar hin und wieder mal aus heiterem Himmel, also muss das umgehende Befolgen eines „Komm"-Befehls besonders lohnenswert sein.

Wichtig!

Das Wichtigste bei diesem Spiel ist, nicht in ein bestimmtes Schema zu verfallen und zum Beispiel unbewusst jedes Herankommen zu belohnen. Unser Hund soll ja lernen, dass er nie wissen kann, wann die Leckerei kommt, und es deshalb lohnenswert ist, uns nie aus dem Blick zu verlieren und lieber einmal zu oft unsere Nähe zu suchen, als sich etwas Gutes entgehen zu lassen.

Auch sollten Sie unbedingt drauf achten, Ihren Hund nicht unbewusst für Unarten zu belohnen. Zieht er beispielsweise an der Leine, ist es nicht sinnvoll, mit einem Leckerchen vor seiner Nase herumzuwedeln, um ihn davon abzuhalten. Sicher würde er für kurze Zeit aufhören zu ziehen, doch lernen würde er das Gegenteil von dem, was wir erreichen wollen: Er würde nun immer öfter an der Leine ziehen, denn wir haben ja immer dann ein Leckerchen für ihn ausgepackt. Zudem wären wir damit bei der klassischen Bestechung angelangt und würden uns selbst zum Futterspender degradieren.

Bindungsspiele für jederhund

Ab und zu aus der Tasche hervorgezauberte Leckereien erhalten die Aufmerksamkeit unseres Hundes.

Du gehörst zu mir

Vom Erdboden verschluckt

Sehr gut geeignet ist dieses Spiel für Hunde, die gern ihre Nase einsetzen und sich auch mal schmutzig machen dürfen. Wer als Mensch viel Wert auf seine perfekt manikürten Hände legt oder im Anschluss zu einem Termin muss, der sollte sich am besten Handschuhe mitnehmen.

➲ **So wird's gemacht:** Wir benötigen für dieses Spiel super Leckerchen, ein Spielzeug oder auch einen beliebigen anderen Gegenstand (für die Suchprofis unter den Hunden). Unser Hund wird, sofern er gut gehorcht, auf freier Flur abgelegt und soll an dieser Stelle bleiben. Falls er noch nicht zuverlässig auf das „Bleib"-Kommando reagiert, binden wir ihn zur Sicherheit mit der Leine an einem Baum, Pfahl oder Sonstigem an.

In Maulwurfshügeln lassen sich Gegenstände leicht vergraben ...

... und ebenso leicht wieder herausziehen.

Bindungsspiele für jederhund

Wir zeigen dem wartenden Hund das Objekt (Futter, Spielzeug, eine Packung Papiertaschentücher oder was auch immer) und entfernen uns dann von ihm, um das Ding in einiger Entfernung im Erdreich zu verbuddeln. Hierfür muss man kein tiefes Loch ausheben. In der Regel reicht es völlig aus, wenn das Suchobjekt nur leicht mit Erde bedeckt ist. Kleiner Tipp: Maulwurfshügel sind so locker, dass man einen Gegenstand oder eine Leckerei ohne Kraftaufwand in die Erde drücken kann; auch an Steigungen am Wegrand ist das Erdreich oft nicht so stark verdichtet. Haben wir das Objekt versteckt, gehen wir zurück zum Hund und schicken ihn mit unserem Suchkommando los, das gute Stück zu finden und auszubuddeln.

Denken Sie daran, sich das Versteck selbst zu merken (insbesondere, wenn Sie das Objekt in jedem Fall zurückhaben wollen). Helfen Sie Ihrem Hund, wenn er die richtige Spur nicht findet.

➲ **Varianten:** Hat der Hund verstanden, worum es bei dem Spiel geht, können wir ihn so ablegen, dass er uns den Rücken zudreht, wenn wir uns von ihm entfernen. Oder wir legen ihn hinter einem Baum oder einer Kurve ab, sodass er außer der ungefähren Richtung keinen Anhaltspunkt dafür hat, wo wir das Suchobjekt versteckt haben.

Auch die Entfernung zwischen dem Warteplatz des Hundes und dem Suchobjekt können wir sehr variabel wählen – von sehr nah bis weit entfernt, sodass der Vierbeiner erst mal eine gewisse Strecke zurücklegen muss.

Die Versteckmöglichkeiten selbst lassen ebenfalls viel Spielraum für Kreativität. Man kann das Objekt ganz oder nur teilweise mit Erde bedecken, oder man lässt sich völlig andere, immer neue Verstecke einfallen: in einem Laubhaufen, im hohen Gras, erhöht auf einem Baumstumpf, unter einem Brückenpfeiler oder, oder, oder. Wer mit offenen Augen durch die Welt geht, wird Tausende verschiedene Verstecke finden.

Erhöht liegende Verstecke sind etwas schwieriger zu finden.

Du gehörst zu mir

> **Wichtig!**
>
> Soll der Hund ohne Sicherung abgelegt werden, so darf dies nur in übersichtlichem Gelände geschehen, wo Sie ihn immer im Blick haben. Nur dann ist gewährleistet, dass Sie jederzeit Einfluss auf ihn nehmen können.
> Während der Hund sucht, sollte er ebenfalls immer unter Kontrolle sein. Sind andere Menschen (Jogger, Radfahrer oder andere) in der Nähe, so müssen Sie selbstverständlich dafür Sorge tragen, dass er niemanden belästigt.
> Stellen Sie zudem sicher, dass Ihr Hund nur nach vorheriger Erlaubnis nach Leckerchen schnüffelt. Er soll nicht lernen, dass es von nun an immer und überall (auch ungefragt) gewünscht ist, nach Essbarem zu suchen und es aufzunehmen. Im Zweifelsfall – etwa mit einem besonders verfressenen Hund – trainieren Sie das Suchspiel lieber nur mit Gegenständen. Sie können Ihrem Hund auch beibringen, sich neben das gefundene Objekt zu legen, statt es ins Maul zu nehmen. Für diese Anzeige des Funds bekommt er von Ihnen eine Belohnung.

Leine verloren? Kein Problem für Spürnase Emily.

➲ **Nutzen:** Wir lasten den Hund nicht nur geistig aus, sondern können ihn gleichzeitig zu einem Helfer im Alltag ausbilden. Wer seinem Hund gezielt beibringt, verschiedenste Dinge zu suchen und zu apportieren, der wird spätestens dann den wahren Sinn dieser Beschäftigungsmöglichkeit erkennen, wenn der Vierbeiner den Hausschlüssel unter dem Wäscheberg wiedergefunden hat.

Bindungsspiele für jederhund

Helfen wir unserem Hund bei der Suche, stärkt das die Bindung ungemein. Diese Form der Teamarbeit macht ihm großen Spaß und überzeugt ihn spielerisch davon, dass wir eine echte Hilfe sind.

Wenn wir während des Spaziergangs öfter mal wie zufällig etwas fallen lassen und unseren Hund auf die Suche danach schicken, erhalten wir damit die Spannung. Er wird uns vermehrt im Auge behalten, denn er weiß ja nie, ob wir ihn gleich wieder brauchen.

Wo bin ich?

Das gute alte Versteckspiel – hier mit und für unseren Hund. Ab und zu in den Spaziergang eingebaut, macht diese Übung unseren Vierbeiner immer mal wieder darauf aufmerksam, wie toll es ist, dass es uns gibt. Besonders junge Hunde haben Spaß an diesem Spiel und binden sich umso besser an uns, je häufiger sie nach uns suchen dürfen.

➲ **So wird's gemacht:** Diese Übung sollte man zu Anfang nur in gut bekannten Gebieten durchführen. Am besten macht man sich vorab schon Gedanken über geeignete Verstecke. Besonders günstig sind Orte, von denen aus man zwar vom Hund nicht gesehen wird, ihn aber im Blick hat. Die Versteckmöglichkeiten reichen von Einfach-nur-hinter-einen-Baum-Stellen oder Hinter-einem-Hügel-in-die-Hocke-Gehen bis hin zu kreativeren Ideen wie

Gefunden! (Foto: Ralph Weires)

Du gehörst zu mir

In-Höhlen-Kriechen. Das Kind in uns wird sich schnell an vergangene Zeiten erinnern und passende Orte finden.

Der Hund wird für dieses Spiel abgelegt und muss warten, bis wir uns versteckt haben. Nach kurzer Zeit rufen wir nach ihm oder pfeifen. Hat er uns gefunden, freuen wir uns gebührend darüber.

⊃ **Variante:** Wir können auch einen der Momente nutzen, in denen der Hund uns gerade mal wieder nicht beachtet, um dann unbemerkt zu verschwinden. In unserem Versteck warten wir nun, bis er von selbst gemerkt hat, dass irgendwas fehlt. Er wird nach uns suchen, und wenn er uns aufgespürt hat, freuen wir uns überschwänglich.

Sollte Ihr Hund Sie schon gefunden haben, bevor Sie sich richtig verstecken konnten, seien Sie nicht enttäuscht. Er schaut sich in offenbar sehr kurzen Abständen nach Ihnen um, denn er möchte Sie auf gar keinen Fall verlieren. Freuen Sie sich darüber!

⊃ **Nutzen:** Dieses Spiel zeigt unserem Vierbeiner, dass wir nicht immer automatisch in seiner Nähe sind und dass er uns sehr wohl auch mal verlieren kann. Viele Hunde bekommen es doch ein wenig mit der Angst zu tun, wenn sie plötzlich allein auf weiter Flur sind. Umso mehr freuen sie sich, wenn sie ihren Menschen dann wiederfinden. Nach solchen Aktionen wird sich Ihr Hund sicher häufiger nach Ihnen umschauen – zumindest für einige Zeit. Eine gute Bindung bedeutet nun einmal auch, dass man immer mitbekommt (und sich dafür interessiert), was der andere gerade tut.

Bauen Sie dieses Spiel nur sporadisch in die Spaziergänge ein, damit es für den Hund nicht zur Selbstverständlichkeit wird, dass Sie hin und wieder mal verschwinden. Bleiben Sie überraschend!

Das Versteckspiel ist übrigens auch sehr gut dazu geeignet, den Rückruf durch ein Pfeifsignal spielerisch einzuüben.

Wichtig!

Achten Sie bei der Auswahl Ihres Verstecks generell darauf, dass es nicht zu schwierig ist und der Hund Sie auf jeden Fall finden kann.

Wenn Sie Ihren Vierbeiner noch nicht gut genug kennen, ist es besonders wichtig, dass Sie ihn aus Ihrem Versteck stets im Blick haben. So können Sie im Notfall eingreifen, wenn er sich in die völlig falsche Richtung bewegt oder andere Menschen oder Tiere auftauchen, die ihn von der Suche nach Ihnen ablenken könnten.

Bitte spielen Sie dieses Spiel nicht in der Nähe von Straßen! In wildreichen Gegenden sollten Sie ebenfalls darauf verzichten – schließlich sollte der Hund nicht die Gunst der Stunde Ihrer Abwesenheit nutzen, um sich auf die Jagd zu begeben.

Bindungsspiele für jederhund

Ich sehe was, was du nicht siehst

Ein altes Kinderspiel, neu für und mit unserem Hund entdeckt. Bei dieser Beschäftigung geht es darum, die Aufmerksamkeit des Hundes gezielt in die von uns gewünschte Richtung zu lenken und ihm wieder mal deutlich zu machen, wie sinnvoll es ist, sich immer am Menschen zu orientieren.

➲ **So wird's gemacht:** Dieses Spiel können wir überall dort spielen, wo wir uns gemeinsam mit unserem Hund befinden. Während eines Spaziergangs in freier Natur, im Wohnzimmer oder bei einem Stadtbummel. Entdecken wir etwas, das von unserem Hund angestupst oder beschnüffelt werden könnte, rufen wir ihn zu uns. Dann geben wir ihm verbal und per Körpersprache zu verstehen, dass wir hier etwas ganz Tolles gefunden haben. Ich schaue

Spirous Aufmerksamkeit für die Blüte ist geweckt.

Du gehörst zu mir

und zeige dazu in Richtung des Objekts und flüstere: „Oh, schau mal, was ist denn das da? Na, siehst du das?" Berührt der Hund den Gegenstand mit Nase oder Pfote, etwa eine große Blume oder einen sich im Wind bewegenden Weizenhalm, wird er dafür gelobt. So kann man üben, den Hund mittels Gesten in eine bestimmte Richtung zu lenken. (Uns hat das schon oft geholfen, wenn mal wieder keiner der Hunde so richtig aufgepasst hat, in welche Richtung das Bällchen geflogen ist.)

Sie können auch selbst dafür sorgen, dass es etwas Spannendes zu finden gibt. Lassen Sie eine kleine Leckerei fallen, wenn Ihr Hund wieder mal in der Weltgeschichte rumhopst. Bleiben Sie dann stehen und machen Sie ihn darauf aufmerksam. Sobald er in die von Ihnen gewünschte Richtung schaut und schnuppert, feuern Sie ihn noch ein wenig an. Als Belohnung darf er die gefundene Leckerei fressen.

> **Tipp**
>
> Nutzen Sie die Wartezeiten an der Ampel, um Ihren Hund zu beschäftigen. Lassen Sie ihn doch mal das gelbe Kästchen an der Fußgängerampel drücken.

⇨ **Nutzen:** Mit etwas Übung verstehen unsere Hunde sehr schnell, dass sie sich auf einen Fingerzeig hin in eine bestimmte Richtung bewegen und ihre Aufmerksamkeit auf das richten sollen, was wir ihnen anzeigen. Nach einiger Zeit können wir bei diesem Spiel dazu übergehen, ausschließlich Gesten zu verwenden und nicht mehr mit dem Hund zu sprechen. Schon bald wird er sich dann voll auf uns und unsere Körpersprache konzentrieren.

Achtung, fertig, los!

Nicht nur für die Sprinter unter unseren Vierbeinern sind Wettrennen eine Freude. Fast jeder Hund liebt es, mal kurz richtig Gas zu geben – wenn das Gerenne dann auch noch zusammen mit dem geliebten Menschen und auf dessen Initiative hin stattfindet, kennt die Lebensfreude keine Grenzen.

⇨ **So wird's gemacht:** Während eines Spaziergangs laufen wir spontan los. Der Hund wird sich nicht lange bitten lassen und die Verfolgung aufnehmen. Selbst wenn er gerade mit einem Mauseloch beschäftigt ist, wird er nicht widerstehen können, sich unserem Sprint anzuschließen.

Da wir Menschen in der Regel nicht mit dem Tempo unserer Hunde mithalten können, bieten sich Apportierspiele an, um den Spaß am Laufen ein wenig zu verlängern. Aus dem Lauf heraus wird ein Schleuderball oder ein Futterbeutel geworfen, und während der Hund dem Objekt hinterherrennt, drehen wir um und laufen in die entgegengesetzte Richtung davon. So muss der Hund mitsamt der Beute erneut Tempo machen, um uns zu erreichen.

Bindungsspiele für jederhund

Gemeinsam laufen macht Spaß!

Du gehörst zu mir

⮕ **Varianten:** Man muss nicht unbedingt gemeinsam mit dem Hund laufen. Sie können alternativ auch spielerisch die Platzablage und ein anschließendes Rückrufkommando einüben. Dazu wird der Hund nun abgeleint und ins Platz gelegt. Er soll dort liegen bleiben, während Sie sich von ihm entfernen. Aus einigem Abstand rufen Sie ihn dann zu sich und belohnen ihn mit einem Zerrspiel. Oder Sie werfen, noch während er angerannt kommt, ein Spielzeug hinter sich, das er bringen soll.

Wenn man mehrere Hunde hat, so kann man auch alle nebeneinander hinlegen und sie dann zusammen oder – für Fortgeschrittene – einzeln abrufen.

Wer mehrere Hunde hat, kann sie auch zusammen abrufen. (Foto: Nicole Röder)

Bindungsspiele für jederhund

Wichtig!

Wenn Sie das Rennspiel mit einem angeleinten Hund spielen wollen, müssen Sie unbedingt darauf achten, beim Loslaufen nicht an der Leine zu reißen. Auch sollte die Leine nicht so weit durchhängen, dass Sie darüber stolpern könnten.

Manche Hunde sehen so einen Sprint als Jagd nach einer (für sie noch unentdeckten) Beute. In Vorfreude auf das Jagderlebnis springen sie dann an ihrem Menschen hoch oder versuchen, nach der flatternden Jacke oder etwas anderem zu schnappen. Ein solches Verhalten sollte sofort unterbunden werden, indem man den Lauf abbricht.

Wenn Sie die Richtung wechseln wollen oder anhalten möchten, tun Sie dies nicht zu plötzlich: Manche Hunde laufen noch einige Schritte weiter und könnten Ihnen in die Quere kommen. Je nach Größenverhältnis zwischen Mensch und Hund kann das für Sie eine unsanfte Bodenlandung bedeuten.

Zuruf (oder Pfiff) festigen, denn wir sind ja gleichzeitig Initiator und Ziel dieses tollen Sprints. Gibt es einen besseren Preis für einen Hund, als mal so richtig rennen zu dürfen und dann auch noch vom Menschen kräftig dafür gelobt zu werden?

Schau, und es passiert was!

Spätestens wenn unser Hund beim Spaziergang seinem Erzfeind begegnet und er seine Abneigung lautstark kundtut, wünschen wir uns ein Kommando, das seine ganze Aufmerksamkeit sofort auf uns lenkt.

Hier ist die gute Nachricht: Dieses Kommando gibt es tatsächlich und es lässt sich ganz leicht und schnell trainieren. Eine einfache Übung, die wir häufiger mal in den Alltag einbauen, sorgt dafür, dass unser Hund uns von nun an jederzeit umgehend anschauen wird, wenn wir das möchten. Funktioniert dieses „Schau"-Kommando sicher, möchten Sie es garantiert nicht mehr missen.

⊃ **So wird's gemacht:** „Bewaffnen" sie sich für diese Übung mit Leckereien oder einem Spielzeug, denn gerade bei den ersten Übungseinheiten sollte unbedingt jede richtige Reaktion bestätigt werden. Nur so lernt der Hund, dass es sich immer lohnt, uns anzuschauen.

Sie sprechen Ihren Hund nun an, und sobald er zu Ihnen schaut, sagen Sie Ihr Kommando – „Guck", „Schau mal" oder was auch immer Sie gern als Signal einführen

---

⊃ **Nutzen:** Vorrangig hat unser Hund Spaß. Er darf mal so richtig aufdrehen, was im normalen Alltag eher selten möglich ist. Ganz nebenbei können wir das Herkommen auf

Du gehörst zu mir

Der quietschende Ball erweckt Spirous Aufmerksamkeit. Solche Hilfsmittel sollten jedoch bald wieder abgebaut werden.

Zupfen Sie kurz an der Leine, halten Sie ihm das Leckerchen vor die Nase oder drücken Sie auf ein quietschendes Spielzeug. Sobald die gewünschte Reaktion erfolgt, bekommt er seine Bestätigung. Sollte Ihr Hund von sich aus den Blickkontakt suchen, so nutzen Sie diesen Zufall aus, sagen Ihr Kommando und belohnen ihn. Die ersten Male wird der Hund also für jedes Anschauen belohnt. Achten Sie aber darauf, dass Sie ihn nicht nur dann belohnen, wenn er von sich aus den Kontakt sucht. Regelmäßig sollten Sie ihn mit Ihrem „Schau"-Kommando aus den unterschiedlichsten Situationen heraus dazu bringen, Sie umgehend anzugucken. Funktioniert nun das Kommando ohne Ablenkung gut, üben Sie mit unterschiedlich starken Ablenkungen. Eine geringe Ablenkung für den Anfang wäre zum Beispiel ein noch weit entfernter, entgegenkommender Spaziergänger. Beobachten Sie Ihren Hund. Sobald er in Richtung des Fußgängers schaut, geben Sie ihm sofort Ihr „Schau"-Kommando. Reagiert er umgehend, erhält er seine Belohnung und Sie können sich auf die Suche nach einer stärkeren Ablenkung machen.

Bei vielen Hunden verselbstständigt sich diese Übung rasch. Sobald sie etwas Interessantes am Horizont erblicken, schauen sie sich nach uns um und wollen sich ihren Lohn abholen. Ich bestärke meine Hunde dafür immer, selbst wenn ich das Kommando vorher nicht gegeben habe. Ich finde es nämlich sehr gut, dass meine Vierbeiner grundsätzlich erst mal zu mir kommen, wenn sie etwas Interessantes entdeckt haben.

möchten – und er bekommt seine Belohnung. Reagiert er nicht sofort auf die erste Ansprache, machen Sie ihn auf sich aufmerksam:

Bindungsspiele für jederhund

Praktisch beim Spaziergang: Auf Kommando schaut Emily zu ihrem Frauchen und beobachtet die Joggerin gar nicht.

Wichtig!

Hilfen wie Quietschies oder vor die Nase gehaltene Leckereien sollten Sie so selten wie möglich verwenden und schnell wieder abbauen. Die Hilfen sollten nur zum Einsatz kommen, wenn die Ablenkung für den Hund so groß ist, dass er anders nicht auf Sie reagiert. Je öfter und je regelmäßiger man sich zu Anfang solcher Hilfen bedient, umso aufwendiger ist es später, sie Schritt für Schritt wieder loszuwerden.

➲ **Nutzen:** Führt der Hund das „Schau"-Kommando zuverlässig aus, erspart dies eine Menge Stress mit anderen Hunden oder Menschen. Zudem ist es immer sehr gut für die Mensch-Hund-Beziehung, wenn wir unserem Vierbeiner durch solche kleinen Übungen zeigen, dass immer wir entscheiden, was es wert ist, genauer betrachtet zu werden, und was nicht.

Distanzkontrolle

Wie der Name des Spiels schon sagt, geht es hier darum, dass unser Hund Kommandos auch dann zuverlässig ausführt, wenn wir sie aus einer gewissen Entfernung geben. Nicht nur Hunde, die es im Hundesport zu etwas bringen sollen oder die am Vieh arbeiten, müssen lernen, auf Distanz zu gehorchen, sondern jeder Hund, der regelmäßigen Freilauf genießen darf. Stellen Sie sich vor, beim Spaziergang begegnet Ihnen eine Gruppe von Joggern. Da hat es durchaus Vorteile, wenn Sie Ihren vorauslaufenden Hund schnell ins „Platz" schicken können und er die Sportler unbehelligt passieren lässt.

➲ **So wird's gemacht:** Suchen Sie sich ein ruhiges Plätzchen, wo Sie ungestört mit Ihrem Hund arbeiten können, und beginnen Sie zunächst damit, die Übung in Ihrer unmittelbaren Nähe zu trainieren. Der Abstand wird dann im Trainingsverlauf peu à peu erhöht. Beispielhaft möchte ich hier die Übung „Platz auf Distanz" beschreiben. Analog dazu funktioniert das Training für andere Kommandos wie „Sitz" oder „Steh".

Das Hinlegen auf Kommando gehört, wie auch das Hinsetzen, zu den Basics, die nahezu jeder Hund von Anfang an lernt. Bestimmt klappt das bei Ihrem Vierbeiner bereits gut. Nun ist Ihre erste Aufgabe, ihm zu vermitteln, dass er eine längere Zeit liegen bleiben soll. Das „Platz und Bleib" wird in ganz kleinen Schritten geübt (wie fast alles, was man seinem Hund beibringen will). Legen Sie Ihren Hund also ins „Platz", gehen Sie einen Schritt von ihm weg, bleiben Sie ganz kurz stehen und gehen Sie sofort wieder zu ihm zurück. Jetzt bekommt er seine Belohnung (vorausgesetzt, dass er liegen geblieben ist). Klappt das gut, gehen Sie zwei Schritte weg, dann

Bindungsspiele für jederhund

„Sitz" und „Platz" auf Distanz. Mit eindeutigen Sichtzeichen kann man dem Hund auch dann noch das Gewünschte signalisieren, wenn der Wind gesprochene Kommandos davonträgt. (Fotos: Ralph Weires)

Du gehörst zu mir

drei und so weiter. Wichtig ist, von Anfang an darauf zu achten, dass der Hund nie aufsteht, bevor Sie ihm ein sogenanntes Auflösekommando (zum Beispiel „Okay") gegeben haben. Sagen Sie dieses Kommando immer, wenn die Übung beendet ist. Sollte Ihr Hund im Training einmal aufstehen, während Sie weggehen, müssen Sie nun die Distanz beim nächsten Mal wieder verkürzen. In der Regel sind Sie dann nämlich zu schnell vorgegangen und haben ihm zu früh eine zu große Distanz zugetraut. Gerade das Bleiben ist eine äußerst wichtige Übung, die sehr sorgfältig erarbeitet werden muss.

Klappt das Bleiben gut, können Sie damit beginnen, das Befolgen des „Platz"-Kommandos auf Distanz zu trainieren. Ziel ist, dass Ihr Hund das Kommando auch dann sofort befolgt, wenn Sie es aus 50 Metern Entfernung geben. Hierbei gehen Sie wieder Schritt für Schritt vor. Zunächst geben Sie das Kommando aus einem Meter Entfernung, belohnen Ihren Hund, wenn er es befolgt, und geben ihn mit dem Auflösekommando frei. Dann steigern Sie die Entfernung immer weiter.

Bevor Sie das „Platz"-Kommando geben, sollten Sie immer sicherstellen, dass Ihr Hund sich auf Sie konzentriert und nicht gerade seinen besten Hundekumpel im Visier hat. Wenn der Hund Sie aufmerksam anschaut, ist der richtige Zeitpunkt gekommen. Falls er bei den ersten Übungseinheiten nicht so recht zu wissen scheint, was Sie von ihm wollen, sagen Sie das Kommando noch einmal. Legt er sich hin, zeigen Sie ihm sofort, dass das genau richtig

Emily liegt brav im Platz, die Joggerin kann unbehelligt passieren.

Bindungsspiele für jederhund

war. Gehen Sie also zügig zu ihm und loben Sie ihn schon währenddessen mit der Stimme. Wer mit dem Clicker arbeitet, kann diesen übrigens zur Bestätigung auf die Entfernung prima einsetzen. Sind Sie bei Ihrem Hund angekommen, erhält er seine Belohnung und Sie geben ihn mit dem Auflösekommando frei.

Besonders wichtig ist, dass diese Übung auch unter Ablenkung klappt, denn schließlich wollen wir ja erreichen, dass Jogger oder Radfahrer später unbehelligt passieren können. Schaffen Sie also gezielt Ablenkung, zum Beispiel, indem Sie ein Spielzeug wegwerfen und den Hund, während er diesem hinterherläuft, ins „Platz" rufen. Sie können ihn auch auf Entfernung ins „Platz" legen und ein Spielzeug an ihm vorbeiwerfen. Holen darf er es erst nach erfolgtem Auflösekommando. Wer mehrere Hunde hat oder mit anderen Hundebesitzern spazieren geht, kann auch Folgendes ausprobieren: Die Hunde werden auf Entfernung ins Platz gelegt und nur einer wird gerufen, während die anderen liegen bleiben müssen. Das ist sehr schwierig, aber wenn es tatsächlich klappt, kann man davon ausgehen, dass die Platzablage sicher beherrscht wird.

Sinnvoll ist es übrigens, wenn man zusätzlich zu dem gesprochenen Kommando ein Sichtzeichen einführt. Je nach Entfernung oder Windstärke kann es durchaus sein, dass der Hund uns zwar nicht hört, ein eindeutiges Zeichen aber erkennen kann. Ein gut sichtbares Signal für „Platz" wäre beispielsweise der gerade nach oben gestreckte Arm.

Wichtig!

Kommandos müssen grundsätzlich sofort befolgt werden. Nur bei den ersten Übungseinheiten, wenn der Hund noch nicht genau weiß, was er tun soll, können Sie das Kommando auch einmal wiederholen. Hat der Hund die Übung verstanden, sollte das nicht mehr nötig sein. Schließlich möchten Sie nicht, dass Ihr Hund später nur noch auf „Platz – Plahatz – Plaahaatz-hab-ich-gesagt" reagiert. Haben Sie Geduld. Viele Hunde brauchen eine Weile, bis sie eine gut bekannte Übung wie „Platz" oder „Sitz", die bisher nur in unmittelbarer Nähe zum Besitzer verlangt wurde, auch auf Entfernung sicher ausführen.

Selbiges gilt für das „Bleib". Kaum ein anderes Kommando ist so wichtig und zugleich für den Hund so schwierig zu erlernen. Denn zum einen erwarten wir Menschen sonst immer, dass der Hund in unserer Nähe bleibt, und zum anderen sind die meisten Hunde von Natur aus sehr neugierig. Es fällt ihnen unheimlich schwer, ruhig an Ort und Stelle zu warten, während woanders etwas Interessantes passiert.

Bauen Sie die Übungen immer wieder spielerisch in den Alltag ein, damit sie auch sicher funktionieren, wenn sie gebraucht werden.

Du gehörst zu mir

⮕ **Nutzen:** Wie bereits erwähnt, verläuft der gemeinsame Ausflug mit dem Hund viel entspannter, wenn man den Vierbeiner nicht ständig zu sich zitieren muss, damit er niemand anders belästigt. Zudem stärkt es die Bindung, wenn der Hund erkennt, dass wir uns auch über einige Entfernung mit ihm verständigen können und Einfluss auf ihn haben. Von nun an wird er sicher häufiger seine Nase aus Mauselöchern heben, um zu sehen, ob wir nicht gerade was von ihm wollen.

Klappt die Distanzkontrolle zuverlässig, darf unser Vierbeiner mehr Bewegungsspielraum genießen, denn wir können uns nun darauf verlassen, dass er weiterhin unter unserer Kontrolle steht.

Bringen und Festhalten

Hat unser Hund gelernt, etwas auf Kommando aufzuheben und zu uns zu bringen, ist das nicht nur eine schöne Aufgabe für ihn, er kann uns damit sogar den Alltag ein bisschen erleichtern.

Im Folgenden werden zwei verschiedene Varianten beschrieben, die erläutern, wie wir unseren Hund das Bringen und Festhalten lehren können. Nicht jeder Hund greift sofort begeistert zu, wenn er Gegenstände zu seinem Menschen tragen soll. Darum werden die Übungen sowohl für die zupackenden als auch für die zögerlichen Vierbeiner erklärt.

Für Hunde, die schon von sich aus freudig ihr Spielzeug bringen, ist der zielgerichtete Apport eine leichte Übung. (Foto: Nicole Röder)

Bindungsspiele für jederhund

➲ **So wird's gemacht:** Suchen Sie Dinge aus, die Ihr Hund festhalten oder zu Ihnen bringen soll. Für die ersten Übungseinheiten wählen Sie vorzugsweise einen Gegenstand, den der Vierbeiner ohnehin gern ins Maul nimmt. Das erleichtert den Einstieg. Leckereien als kleine Belohnung für zwischendurch dürfen natürlich auch nicht fehlen.

Das Bringen

• **Methode 1:** Apportiert der Hund ohnehin schon begeistert sein Spielzeug, ist es relativ leicht, aus dem reinen Spielapport ein zielgerichtetes Heranbringen zu entwickeln. Leinen Sie Ihren Hund für die ersten Übungseinheiten an, damit er sich nicht mit der Beute aus dem Staub machen kann und von Anfang an lernt, das Objekt zuverlässig zu Ihnen zu bringen.

Halten Sie nun den Hund bei sich und werfen Sie ein Spielzeug, das er ganz toll findet, wenige Meter von sich weg (nicht weiter, als es die Leine zulässt). Schicken Sie ihn dann mit dem Apportierkommando (zum Beispiel: „Apport", „Bring mit" oder „Hol's dir") hinterher. Sobald er das Spielzeug aufnimmt, loben Sie ihn mit der Stimme und angeln ihn an der Leine sanft zu sich. Dabei sagen Sie mehrfach das Apportierkommando. Anschließend nehmen Sie ihm das Spielzeug ab, sagen dazu ein Ausgabekommando (meines ist „Danke", weil das netter klingt als „Aus") und belohnen ihn mit einem Leckerchen oder indem Sie ihm das Spielzeug noch mal zum Toben überlassen. Das Zurückkommen mit dem zu apportierenden Gegenstand wird so lange an der Leine geübt, bis kein Zweifel mehr daran besteht, dass der Hund ihn zuverlässig bringt.

• **Methode 2:** Wenn der Vierbeiner nicht gern Gegenstände aufnimmt, empfiehlt es sich, zunächst mit einem Futterbeutel zu arbeiten, um ihm das Apportieren schmackhaft zu machen. Dieser ist weich, lässt sich angenehm tragen und enthält zudem tolle Leckereien.

Im ersten Schritt konditionieren Sie Ihren Hund auf den Beutel, indem Sie ihm mehrere Mahlzeiten daraus füttern. Sie füllen das Hundefutter also statt in den Napf in den Beutel und halten diesen fest, während der Hund daraus frisst. Fängt Ihr Vierbeiner nun an zu sabbern oder bekommt er leuchtende Augen, wenn Sie den Beutel in die Hand nehmen, können Sie zum nächsten Schritt übergehen: Legen Sie den gefüllten und geschlossenen Beutel auf den Boden. Nimmt der Hund ihn auf, nehmen Sie den Beutel sofort an sich und füttern Ihren Hund daraus. In kleinen Schritten wird von da an die Distanz gesteigert. Der Hund muss den Beutel also immer ein Stück weiter tragen, bis er das Futter daraus bekommt. Auch bei dieser Methode bleibt der Vierbeiner so lange an der Leine, bis alles zuverlässig klappt. Das ist wichtig, denn gerade der Futterbeutel verführt viele Hunde dazu, sich mit ihm selbstständig zu machen, um sich allein mit dem Inhalt zu vergnügen.

Apportiert Ihr Hund den Beutel gern und zuverlässig, können Sie ihn auch andere Gegenstände bringen lassen. Loben und belohnen Sie ihn dafür anfangs unbedingt ausgiebig, damit die Motivation erhalten bleibt.

So soll es einmal aussehen: Stina hält den Futterbeutel so lange fest, bis sie das Kommando zum Ausgeben bekommt. Danach darf sie zur Belohnung aus dem Beutel fressen.

Festhalten und Abgeben

Unser Hund bringt nun zuverlässig sein Spielzeug beziehungsweise den Futterbeutel. Allerdings spucken viele Hunde den Gegenstand in Erwartung der Belohnung einfach vor die Füße des Menschen, oder sie halten ihn fest und möchten ihn gar nicht mehr hergeben. Unser Ziel ist aber, dass der Hund uns den Gegenstand in die Hand gibt.

• **Methode 1:** Diese Methode eignet sich besonders gut für Hunde, die nicht gern loslassen.

Kommt der Hund mit dem Gegenstand zu Ihnen, greifen Sie sofort danach, geben Ihr Ausgabekommando und zaubern gleichzeitig ein Leckerchen hervor, das er im Tausch für das Gebrachte erhält. Von nun an zögern Sie den Zeitpunkt, zu dem Sie das Ausgabekommando sagen, schrittweise hinaus. So lernt der Hund, dass er so lange festhalten soll, bis Sie ihn „erlösen". Lässt er zu früh los, geben Sie ihm den Gegenstand noch mal in den Fang und beginnen die Übung erneut. Diesmal geben Sie das Ausgabekommando aber schon nach etwas kürzerer Zeit.

• **Methode 2:** Hat Ihr Hund Schwierigkeiten damit, etwas so lang im Fang zu halten, bis Sie es ihm abnehmen, bauen Sie diesen Teil der Übung am besten von hinten auf. Das heißt, Sie geben dem Hund etwas ins Maul und belohnen ihn schon für ganz kurzes Zupacken. Zur Unterstützung halten Sie bei den ersten Übungseinheiten das Spielzeug noch mit fest. Es erfordert einiges an Ruhe und Ausdauer, bis der Vierbeiner mit dieser

Bindungsspiele für jederhund

Apportieren für Fortgeschrittene: Macho bringt die Zeitung und Tess trägt ihre Leckerli selbst.

Methode gelernt hat, dass das Festhalten als solches nicht schlimm ist – aber wenn es erst mal klappt, dann sitzt diese Übung in der Regel absolut sicher.

Auch hier empfiehlt sich anfangs der Einsatz des Futterbeutels. Wer mit dem Clickertraining vertraut ist, kann damit arbeiten.

➲ **Varianten:** Wenn der Hund diese Übung verstanden hat, gibt es im Alltag unendlich viele Einsatzmöglichkeiten für ihn. Hier einige nützliche Ideen:

- Ihr Hund kann beim Wäscheaufhängen assistieren, indem er ein Körbchen mit den Wäscheklammern hält.
- Er kann einen kleinen Korb mit leichten Einkäufen ins Haus tragen (abhängig von Größe und Gewicht des Hundes).
- Es gibt Leckereien in Dosen mit Tragegriff. Diese kann der Vierbeiner selbst vom Futterladen zum Auto tragen.
- Ihr Hund kann lernen, Ihr Handy oder Ihren Autoschlüssel zu suchen und zu Ihnen zu bringen.
- Er kann seine Leine selbst tragen, wenn sie beim Spaziergang gerade nicht gebraucht wird.
- Oder trainieren Sie doch mit Ihrem Vierbeiner, dass er automatisch alles, was aus Ihrer Tasche fällt, aufhebt und wieder zu Ihnen bringt. Er wird wie magisch angezogen an Ihnen kleben, um jede Regung zu erkennen und nicht zu verpassen, wenn es Arbeit für ihn gibt.

➲ **Nutzen:** Das Apportieren hat nicht nur einen praktischen Nutzen im Alltag, diese Übungen tragen auch zur Auslastung des Hundes bei. Ein ausgelasteter Vierbeiner ist umgänglicher und orientiert sich mehr an uns, was wiederum förderlich für die Bindung ist. Apportieren macht also den Menschen und das Tier zufriedener und glücklicher.

Wichtig!

Denken Sie bei allen Übungen daran, in kleinen Schritten vorzugehen. Beginnen Sie mit leichten, gut zu fassenden Gegenständen und verlangen Sie nicht gleich, dass Ihr Hund ein Einkaufskörbchen oder gar eine Tüte Brötchen trägt. Je sorgfältiger Sie das Bringen und Festhalten erarbeiten, desto sicherer wird die Übung sitzen und desto nützlichere Varianten können Sie sich im Lauf der Zeit ausdenken.

Gruppenspiele

Gemeinsam Abenteuer bestehen oder einfach nur Zeit miteinander verbringen – wie wir gesehen haben, ist das essenziell für eine feste Bindung zwischen Mensch und Hund. Damit wir von Zeit zu Zeit überprüfen können, wie gut sich unser Vierbeiner unter Ablenkung auf uns konzentrieren kann, sollten wir uns regelmäßig mit Gleichgesinnten treffen, um gemeinsam zu trainieren. Solche Treffen sind eine gute Möglichkeit, neue Spiel- und Trainingsideen auszutauschen und auszuprobieren – jeder kann seinen Erfahrungsschatz mit den anderen teilen und man kann sich bei eventuellen Problemen gegenseitig unterstützen. Darüber hinaus können sich die Hunde nach getaner Arbeit miteinander austoben.

Bindungsspiele für jederhund

Bei einem Spaziergang mit Gleichgesinnten kann man die neuesten Spielideen austauschen. (Foto: Ralph Weires)

Du gehörst zu mir

Alle bisher vorgestellten Spielideen kann man auch im Beisein anderer Mensch-Hund-Teams spielen. Beim Üben in der Gruppe sollten Sie darauf achten, dass ...

... der Hund sich auf Sie konzentriert und nicht von seinen Artgenossen abgelenkt wird.
... jeder Mensch sich nur mit seinem eigenen Hund beschäftigt und abtrünnigen Vierbeinern auf keinen Fall Aufmerksamkeit schenkt oder gar Leckereien zukommen lässt.
... immer genügend Abstand zu anderen Teams eingehalten wird. Die Hunde sollen es nicht unnötig schwer haben, sich auf ihren Menschen zu konzentrieren.
... die Hunde bei möglichst vielen Spielen angeleint sind, um oben genannte Situationen von vornherein zu vermeiden.
... herumliegende Leckereien oder Spielzeuge nach getaner Arbeit nicht zu Streitigkeiten zwischen den Hunden führen.

Zum Abschluss möchte ich Ihnen nun noch drei Spiele vorstellen, die nur für Gruppen von Gleichgesinnten geeignet sind, da sie eine gewisse Teilnehmerzahl voraussetzen.

Kreis des Vertrauens

Ob auf dem Hundeplatz oder woanders, dieses Spiel kann überall eingebaut werden, wo sich mehrere Mensch-Hund-Teams treffen und gemeinsam an der Bindung arbeiten wollen. Da man außer Belohnungshäppchen oder Spielzeug kein Equipment braucht, kann überall dort gearbeitet werden, wo sich genügend Platz bietet, um einen Kreis zu bilden.

Spiel im Kreis des Vertrauens. (Foto:Ralph Weires)

Bindungsspiele für jederhund

◯ **So wird's gemacht:** Für dieses Spiel sollten sich wenigstens fünf Mensch-Hund-Teams treffen (je mehr, desto besser). Ein Team steht im Mittelpunkt der Gruppe, die anderen versammeln sich um die beiden. Der Abstand zwischen allen Teams sollte so groß gewählt werden, dass die Hunde sich während der Übung nicht zu nahe kommen können (also mindestens 2 Meter Abstand zueinander einhalten). Das ist insbesondere dann wichtig, wenn die Hunde nicht so gut miteinander auskommen.

Aufgabe des Teams in der Mitte ist es nun, miteinander zu spielen, ohne sich von den darum herum stehenden anderen Menschen und Hunden stören zu lassen. Der Zweibeiner muss alles daransetzen, die Konzentration seines Hundes auf das gemeinsame Spiel zu lenken. Die gemeinsame Aufgabe mit seinem Menschen soll dem Hund wichtiger sein als alles, was um ihn herum geschieht.

◯ **Varianten:** Während sich das Team in der Mitte des Kreises miteinander vergnügt, müssen die außen stehenden Teams nicht stumm und starr verharren. Um den Schwierigkeitsfaktor zu erhöhen, können sie sich zum Beispiel in die eine oder andere Richtung um das mittlere Team herumbewegen. Sie können auch einige Schritte näher an das spielende Team herangehen und sich dann wieder entfernen. Wenn das Mensch-Hund-Team in der Mitte hervorragend eingespielt ist und sich durch nichts ablenken lässt, kann man auch so weit gehen, dass die äußeren Teams ebenfalls miteinander spielen oder sogar wild herumtoben.

> ## Wichtig!
>
> Interessiert sich Ihr Hund zunächst gar nicht für Sie, sondern nur für das, was um ihn herum geschieht, so geben Sie nicht zu schnell auf. Versuchen Sie immer etwas Neues, um seine Aufmerksamkeit zu erlangen. Reagiert er gar nicht auf Spielzeug, können Sie ruhig auch mal zu einer Leckerei greifen. Das Futter sollte aber nur dazu dienen, die Konzentration Ihres Hundes von den äußeren Faktoren wieder auf Sie zu lenken. Sobald der Blickkontakt zu den anderen Mensch-Hund-Teams unterbrochen ist, lassen Sie ihn nicht wieder aufkommen. Auch wenn Sie sich dafür zum Clown mit Zerrseil machen müssen.
> Sollte es Ihnen gar nicht gelingen, den Hund auf sich zu konzentrieren, so verringern Sie erst mal wieder die Ablenkung von außen. Die außen stehenden Teams sollen sich so weit entfernen, dass Ihr Hund wieder auf Sie reagiert. Dann wird der Abstand Schritt für Schritt verringert.

◯ **Nutzen:** Bei diesem Spiel können wir gezielt üben, unseren Hund in jeder Situation auf uns zu konzentrieren. Indem wir in lockerer Atmosphäre und unter kontrollierten Bedingungen die Ablenkung nach und nach steigern, können

Du gehörst zu mir

wir unseren Hund in verschiedenen Situationen beobachten und lernen, wie er reagiert und wie wir ihn am besten lenken können. Unserem Hund zeigen wir mit solchen Übungen spielerisch, dass wir das Zentrum seines Universums sind und dass das Spiel mit uns mindestens genauso toll ist wie mit anderen Hunden.

Die unsichtbare Leine

Ein wesentlicher Bestandteil der Beziehung zwischen Mensch und Hund ist das Vertrauen. Nicht nur unser Hund muss uns stets vertrauen können. Auch wir brauchen das Gefühl, dass wir uns in bestimmten Situationen voll und ganz darauf verlassen können, dass unser Vierbeiner auf die von uns gewünschte Weise reagiert. Sehr wichtig ist zum Beispiel, sicher sein zu können, dass unser Hund, ob mit oder ohne Leine, keine anderen Menschen belästigt und sich in Stresssituationen immer uns zuwendet. Das kann man ganz gezielt trainieren.

⊃ **So wird's gemacht:** Mehrere Personen bilden eine enge Gasse. Wir legen den Hund am einen Ende der Menschengasse ab, begeben

Gar nicht so leicht: Ohne sich um die Menschen und Hunde zu kümmern, läuft Einstein durch die Gasse zu seinem Frauchen. (Foto: Ralph Weires)

Bindungsspiele für jederhund

Ist dem Hund die Gasse unheimlich, wird er zunächst an der Leine hindurchbegleitet. (Foto: Ralph Weires)

uns zum anderen Ende und rufen ihn durch die Gasse zu uns. Er sollte zügig zu uns laufen, ohne sich damit aufzuhalten, an der einen oder anderen Person zu schnuppern. Bei uns angekommen, wird er überschwänglich gelobt.

Das mag sich leicht anhören, ist aber in der Tat für viele Hunde recht schwierig. Die Enge in der Gasse wirkt auf sie beängstigend. Wenn der Hund sich nur sehr zögerlich zwischen den Menschen hindurchbewegt, sollten wir ihn mit der Stimme zum Weitergehen ermutigen. Zudem sollte die Gasse so verbreitert werden, dass er sich nicht bedroht fühlt. Keinesfalls darf ein unsicherer Hund von den Menschen, die die Gasse bilden, erschreckt werden, damit er weiterläuft. Vielmehr sollten alle Menschen, die nicht zum Hund gehören, ihn grundsätzlich gar nicht ansprechen. Ziel der Übung ist ja, dem Vierbeiner zu vermitteln, dass er sich in Stresssituationen immer seinem Menschen zuwenden soll.

Falls ein Hund seiner Unsicherheit durch Knurren oder andere Drohgebärden Luft macht, muss der Besitzer näher zu ihm gehen und ihn schrittweise durch die Gasse lotsen. Auch in diesem Fall sollte die Gasse so verbreitert werden, dass sie dem Hund weniger bedrohlich erscheint. Sobald die Übung funktioniert, kann man die Gasse schrittweise wieder verengen.

➲ **Varianten:** Man muss den Hund nicht unbedingt durch die Gasse abrufen. Sie können auch neben Ihrem abgeleinten Hund durch die Gasse gehen oder im Slalom um die anderen Menschen herumgehen und ab und zu in ihrer Nähe stehen bleiben. Dabei ist immer darauf zu achten, dass der Hund nicht unerlaubt zu einem anderen Menschen hingeht. Bemerken Sie diese Absicht, sprechen Sie ihn kurz an und halten ihn so davon ab.

Eine weitere Variante wäre, dass die anderen Menschen mit aufgespannten Schirmen dastehen oder umhergehen, während Sie sich mit Ihrem Hund in der Gruppe bewegen. Gerade mit einem jungen Hund sollte man diese Situation häufiger üben, damit er nicht beim ersten Regen fremde Menschen verbellt.

Sie können Ihren Hund auch ins Platz legen und eine Gruppe anderer Menschen klatschend und singend eng an ihm vorbeiziehen lassen, oder Sie bewegen sich gemeinsam mit Ihrem Hund durch die klatschende und singende Gruppe.

Wichtig!

Der Hund sollte niemals in irgendeiner Form dazu gezwungen werden, durch eng beieinanderstehende Menschen zu laufen. Hat er damit offensichtlich Schwierigkeiten, sollten wir gemeinsam mit unserem angeleinten Hund durch die Gasse gehen oder die Abstände zwischen den Menschen vergrößern, bis er sich an die Situation gewöhnt hat.

Bindungsspiele für jederhund

➲ **Nutzen:** Indem wir mit unserem Hund alle möglichen und unmöglichen Begegnungssituationen mit Personengruppen üben, stärken wir das Vertrauen des Vierbeiners in unsere Führungsfähigkeiten. Zudem erlangen wir genauere Kenntnis über das Verhalten unseres Hundes. Wenn wir uns sicher sein können, dass unser Hund niemanden ankläffen wird, nur weil er einen weiten langen Mantel oder einen Regenschirm trägt, können wir ihn unbesorgt auch im Winter auf Spazierwegen von der Leine lassen.

Je besser wir unseren Hund einschätzen können und je sicherer wir sind, dass er sich in schwierigen Situationen an uns orientiert, desto entspannter wird der Umgang mit ihm.

Eierlauf mal anders

Wenn man verschiedene Spielideen dieses Buches vereint, kann man in wenigen Schritten einen schönen Parcours zusammenstellen. Mehrere Mensch-Hund-Teams können sich dann in einem vergnüglichen Wettkampf miteinander messen und sich gegenseitig beobachten und anfeuern.

➲ **So wird's gemacht:** Im Garten oder auf einer Wiese werden verschiedene, vorher erdachte Stationen aufgebaut, die nun jedes Mensch-Hund-Team zu bewältigen hat. Der zweibeinige Partner bekommt einen Löffel mit einem Ei darauf, den er entweder in der Hand oder im Mund balancieren muss, während die Stationen abgearbeitet werden. Der Vierbeiner kann angeleint oder in der Freifolge zur Tat schreiten. Wobei gerade Übungen an der Leine den Zuschauern viel Spaß bereiten werden – insbesondere dann, wenn die Leinenführigkeit des Hundes zu wünschen übrig lässt, und der Mensch einiges an Balancegeschick aufbringen muss, um das Ei sicher ins Ziel zu bringen.

➲ **Varianten:** Alle Spiele dieses Buches können jeweils eine Station darstellen und man kann sich selbstverständlich noch jede Menge Neues einfallen lassen. Denkbar wäre ein Parcours, in dem sich folgende Stationen befinden:

- Mensch und Hund gehen gemeinsam unter einer improvisierten Hürde durch (so niedrig, dass der Mensch sich ordentlich bücken muss) oder überspringen eine niedrige Hürde.
- Das Team läuft einen Slalom durch aufgestellte Flaschen oder Ähnliches.
- Beide überschreiten einen ungewohnten Untergrund (beispielsweise eine Folie).
- Der Hund sucht und bringt einen Futterbeutel, eine Packung Papiertaschentücher oder ein Spielzeug und gibt es seinem Menschen in die Hand.
- und so weiter – hier ist Fantasie gefragt.

Ziel des Spiels ist es, sowohl den Vierbeiner als auch das Ei auf dem Löffel unter Kontrolle zu behalten und den Parcours in möglichst kurzer Zeit zu bewältigen. Dass Zwei- und Vierbeiner vor allen Dingen Spaß haben sollen, ist selbstverständlich.

Du gehörst zu mir

Improvisierte Hürde und Tunnel, zwei von vielen Ideen für Stationen beim Eierlauf. (Fotos: Ralph Weires)

Bindungsspiele für jederhund

➲ **Nutzen:** Hier kann man all das noch mal zusammenwürfeln, was man mit seinem Hund geübt hat. Das Bewältigen der einzelnen Stationen festigt die Zusammenarbeit zwischen Mensch und Hund. Zudem ist die Ablenkung durch zwei- und vierbeinige Zuschauer eine besondere Herausforderung. Hier zeigt sich, ob Ihr Hund tatsächlich nur Augen für Sie hat oder ob Sie daran noch weiter üben müssen. Nicht zuletzt werden alle zusammengekommenen Hundefreunde einen tollen Nachmittag miteinander verbringen, und sicher wird es einen regen Austausch von Ideen und Trainingstipps geben.

Du gehörst zu mir

Gemeinsame Aktivitäten mit dem Hund machen Spaß! Auch wenn das eine oder andere vielleicht nicht wie gewünscht funktioniert – denken Sie immer daran, dass jede Art der intensiven Beschäftigung mit dem Vierbeiner die Beziehung stärkt – unabhängig davon, ob sie völlig fehlerfrei klappt oder eben nicht. Wenn Sie beim Spiel und Training mit Ihrem Hund die folgenden Regeln beherzigen, kann gar nichts mehr schiefgehen.

Gute Laune und innere Ruhe sind das A und O. Stress ist kontraproduktiv. Ihr Ziel ist es, Vertrauen aufzubauen, und das kann niemals unter Druck funktionieren.

Bestrafung und Maßregelung sind fehl am Platz. Gerade bei den Bindungsspielen gibt es kein „Falsch". Klappt etwas nicht so gut, wird die Übung entweder in kleinere, leichtere Schritte zerlegt, oder es wird zu einem anderen Zeitpunkt ein neuer Versuch gestartet.

Nicht zu lange arbeiten – lieber öfter am Tag kurze Übungseinheiten, als zu viel und zu lange am Stück trainieren.

Wenn's am schönsten ist, sollte man aufhören. Dann bleibt die Übung dem Hund als etwas Positives im Gedächtnis.

Wer viel mit Leckerchen arbeitet, sollte zum Großteil das normale Hundefutter verwenden und die Menge von der Tagesration im Futternapf abziehen. Überflüssige Pfunde machen weder gesund noch glücklich!

Bei der Arbeit mit einem Spielzeug ist es wichtig, dass der Hund es auf Kommando wieder hergibt und es vor allem nicht ständig von allein aufnimmt. Spielzeuge sollten dem Vierbeiner nicht zur freien Verfügung überlassen werden. So behalten sie immer den Reiz des Besonderen.

Elf goldene Regeln

Egal, welches Spiel wie gespielt wird, die Hauptsache ist, alle Beteiligten haben Spaß!

Du gehörst zu mir

Äste oder Steine sind als Spielzeug gänzlich ungeeignet. Holzsplitter bergen eine große Verletzungsgefahr. Steine schleifen die Zähne des Hundes stark ab oder könnten verschluckt werden.

Spiele, die dem Hund keinen Spaß machen oder ihn ängstigen, werden aus dem Repertoire gestrichen. Erfinden wir mit unserem Hund eine völlig neue, noch nicht beschriebene Spielvariante, die uns beiden Spaß macht, dann wird sie auch so gespielt – ohne Rücksicht auf Anleitungen in Büchern!

Futter dient als Belohnung, nicht als Bestechung! Alle Übungen müssen auch dann klappen, wenn kein Futter in Sicht- oder Riechweite ist.

Der eigene Hund ist immer der beste, schönste und tollste. Auch dann, wenn er gerade weder gehorcht noch gut riecht.

Wer mit der Beziehung zu seinem Hund absolut zufrieden ist, der gibt nichts darauf, wenn Außenstehende die Bindung anzweifeln. Denn Bindung ist immer subjektiv!

Elf goldene Regeln

Der eigene Hund ist immer der schönste und beste, auch wenn man es ihm gerade mal nicht ansieht. (Foto: Nicole Röder)

Schlusswort

Gemeinsame Aktivitäten mit dem Hund fördern die Bindung. Um die Beziehung zu seinem vierbeinigen Partner zu stärken, braucht man kein ausgeklügeltes, kompliziertes Training – wir haben gesehen, dass schon einfache Spiele ausreichen. Es geht darum, Körper und Geist unseres Hundes genügend zu fordern, denn ein ausgelasteter Hund kann sich besser auf seinen Menschen einlassen. Und es geht darum, dass wir uns intensiv mit unserem Vierbeiner beschäftigen und ihn so besser verstehen. Wenn sich beide Partner gut kennen, aufeinander achten und sich aufeinander verlassen können, wächst das Vertrauen – die Basis für eine gute Bindung. So können wir jede Situation gemeinsam meistern.

Zeigen Sie Ihrem Hund, dass auf Sie Verlass ist, und genießen Sie die gemeinsamen Abenteuer, Spiele und jede Minute mit Ihrem Hund. Er ist es wert und wird Ihnen schon bald zeigen, dass auch Sie nicht zu ersetzen sind.

*Die Autorin mit ihren Hunden Laska, Pearl, und Cloud.
(Foto: Ralph Weires)*

Dankeschön

Du gehörst zu mir

An dieser Stelle möchte ich einigen Menschen dafür danken, dass sie, jeder auf seine eigene Art und Weise, zum Gelingen dieses Buchprojekts beigetragen haben.

Zunächst einmal geht mein Dank an alle Leserinnen und Leser des vorliegenden Werkes. Danken möchte ich Ihnen dafür, dass Sie sich für dieses Buch entschieden haben. Ich hoffe, es hat Ihnen gefallen und Ihnen ein paar neue Wege aufgewiesen, noch mehr Spaß mit Ihrem vierbeinigen Liebling zu haben. Außerdem möchte ich Ihnen im Namen meiner Patenhunde und verschiedener Nothunde danken: Mit dem Kauf dieses Buches haben Sie für Futter und das Begleichen von Tierarztrechnungen gesorgt. Danke.

Weiterhin geht ein besonderes Dankeschön an Maren Müller vom Cadmos Verlag: Vielen Dank für das Lektorat dieses Buches. Aber noch viel mehr möchte ich Dir dafür danken, dass Du auch so frank und frei über die Verrücktheiten unserer schwarz-weißen Diven sprichst. Sie sind nämlich nicht verrückt, nur besonders. Es ist immer wieder schön, jemanden zu treffen, der die eigene Einstellung zum Hund teilt. Ich wünsche Dir noch viele, viele schöne Jahre mit Deiner liebenswerten Borderdame.

Hinter vielen schreibenden Menschen steht jemand, der ab und an mal „zutritt". Bei mir ist das mein Mann Ralph Weires, dem ich für so vieles unendlich dankbar bin. Hier möchte ich ihm sagen:

Vielen Dank dafür, dass Du mir eine große Motivationshilfe warst, wenn ich mal wieder so gar nicht vorankam (danke fürs immer und immer wieder In-den-Hintern-Treten). Einen Mann wie Dich muss man einfach festhalten: nicht nur, weil Du mit stoischer Ruhe hinnimmst, wenn unsere Wohnung mal wieder einem mit Futter und Hundespielzeug dekorierten Schlachtfeld gleicht, sondern auch, weil Du so schön Korrektur lesen kannst. Danke für alles!

Falls es so etwas wie ein Ehrendankeschön gibt, geht dieses wie versprochen an Dr. Thomas Scherer: Vielen Dank dafür, dass Du so bist, wie Du bist (hoffentlich bleibt das so), und Du das Motto des ersten Buches „Alles wird gut" voll und ganz verinnerlicht hast. Danke vor allem dafür, dass es immer lustig mit Dir ist und Du mich und alle unsere Tiere, jeden mit seinen eigenen Verrücktheiten, nie infrage stellst.

Ohne meine geliebten Hunde wäre dieses Buch nicht entstanden, und daher gebühren ihnen 99 Prozent meiner Dankbarkeit (sorry, Leute!). Den besten Hunden der Welt möchte ich Folgendes mitteilen:

Liebe Laska, Pearl und Cloud,
vielen, vielen Dank für alles, was Ihr mir im Lauf der letzten Jahre beigebracht habt. Ich weiß, Frauchen ist nicht immer die Schnellste und Cleverste, aber ich weiß auch, dass Ihr gern ein Auge zudrückt und mir geduldig die Zeit gebt, Euch und Euer Verhalten besser kennenzulernen. Danke dafür, dass Ihr mir stets behilflich seid, Eure Welt zu entdecken. Ich liebe Euch und hoffe, dass wir noch eine lange und glückliche gemeinsame Zeit vor uns haben. Und ich verspreche Euch, dass ich nie aufhören werde zu lernen!

Dankeschön

Zum Weiterlesen

Berlowitz, Dina/Weidt, Heinz
Das Wesen des Hundes
Naturbuch Verlag, Augsburg, 2001

Blümchen, Katrin
Das Wohlfühlbuch für Hunde
Schwarzenbek: Cadmos Verlag, 2009

Burow, Inka/Nardelli, Denise
Dogdance
Schwarzenbek: Cadmos Verlag, 2010

Coppinger, Ray und Lorn
Hunde
Bernau: Animal Learn Verlag, 2003

Gutmann, Monika
Clickertraining
Schwarzenbek: Cadmos Verlag, 2010

Gutmann, Monika
Mit 10 Metern zum Erfolg
Schwarzenbek: Cadmos Verlag, 2008

Laser, Birgit
Clickertraining
Schwarzenbek: Cadmos Verlag, 2000

Masson, Jeffrey M.
Hunde lügen nicht
München: Heyne Verlag, 2000

Nau, Martina
Schnüffeln erlaubt
Schwarzenbek: Cadmos Verlag, 2010

Pryor, Karen
Positiv bestärken – sanft erziehen
Stuttgart: Kosmos Verlag, 2006

Röder, Nicole
Wem gehört das Sofa?
Schwarzenbek: Cadmos Verlag, 2008

Sondermann, Christina
Das große Spielebuch für Hunde
Schwarzenbek, Cadmos Verlag, 2005

Wagner, Heike E.
Apportieren für jeden Tag
Schwarzenbek: Cadmos Verlag, 2008

Zimen, Erik
**Der Hund –
Abstammung, Verhalten, Mensch und Hund**
Goldmann, München, 1992

Stichwortregister

A
Ablenkung 92, 94, 97, 102, 105, 111
Angst 58, 59, 60, 61, 65, 79
Apportieren 50, 59, 84, 98ff
Auflösekommando 96, 97
Aufmerksamkeit 22, 41, 46, 53, 74, 79, 80, 87, 88, 91, 104, 105
Ausgabekommando 99, 100
Auslastung 13, 19, 22, 25, 55, 102

B
Ball 18, 19, 21, 41
Ball an der Schnur 41ff, 66
Bällchenjunkie 18, 19
Beute 34, 35, 62, 63, 68, 73, 74, 78, 88, 91, 99
Brustgeschirr 45ff, 50, 76

C
Clicker 43ff, 50, 97
Clickertraining 45, 101

D
Distanzkontrolle 50, 94ff

E
Erziehung 19, 21, 40, 50, 55, 70

F
Frustrationstoleranz 23
Futterball 22
Futterbeutel 33ff, 88, 99, 100, 101, 109
Futterneid 62
Futterspiele 22ff, 41

G
Gehorsam 14, 34, 35, 55, 58, 66, 71, 74
Gehorsamsübung 34, 58, 71, 74
Geschicklichkeitsparcours 63ff

H
Handfütterung 51ff

I
Intelligenzspielzeuge 25ff

J
Jackpot 40
Jagdtrieb 35
Jogger 84, 94, 97
Junghund 14, 30, 71

K
Knurren 30, 31, 74, 108
Konzentration 33, 41, 68, 105
Körpersprache 87, 88

L
Leine 45ff, 50, 71, 74, 76, 79, 80, 91, 99, 102, 106, 109

M
Massage 30, 31, 69
Motivation 40, 59, 64, 99

P
Preydummy 33, 34

R
Radfahrer 84, 97
Reizangel 33ff
Rückruf 12, 21, 35, 86, 90

S
„Schau"-Kommando 91ff
Schleppleine 21, 35
Schnüffeln 54, 55, 58
Spannung aufbauen 66, 67
Spaziergang 12, 14, 21, 22, 35, 37, 50, 70, 75, 79, 80, 85, 86, 87, 91, 92, 94, 102
Spieltau 30, 35, 42
Suchspiel 13, 53, 62, 82ff

T
Tennisball 43

U
Unsicherheit 23, 58, 59, 60, 64, 65, 66, 108

V
Verstärker, primärer 45
Verstärker, sekundärer 45
Vertrauen 14, 21, 25, 31, 32, 53, 58, 64, 69, 104, 106, 109, 114

W
Welpe 30, 53, 71, 74

Z
Zerrspiel 21, 30, 31, 42, 62, 72ff, 76, 90
Ziehen an der Leine 76, 80

CADMOS Hundebücher

Martina Nau
Schnüffeln erlaubt

Dieses Buch zeigt, wie Sie gemeinsam mit Ihrem Hund in seine Welt eintauchen können. Die vorgestellten Schnüffelaufgaben lasten seine Triebe aus, verbessern die Bindung, und vor allem bereiten sie Mensch und Hund viel Spaß. Und plötzlich wird aus einem häufigen Hindernis für gemeinsame Aktivitäten das größte Vergnügen: Schnüffeln erlaubt!

80 Seiten, farbig, broschiert
ISBN 978-3-86127-874-0

Nicole Röder
Wem gehört das Sofa?

Warum wird aus dem acht Wochen alten süßen Welpen, mit dem man von Anfang an in der Hundeschule war, plötzlich ein „Terrorhund"? In diesem Buch werden typische Erziehungsfehler mit einem Augenzwinkern sowohl aus Menschen- als auch aus Hundesicht dargestellt und mit gut umsetzbaren Problemlösungen ergänzt.

112 Seiten, farbig,
broschiert mit Klappen
ISBN 978-3-86127-761-3

Schäfer/Klär
Hundegymnasium

Dieses Buch ist für alle, die mehr möchten als Sitz, Platz, Fuß und die ihrem Hund mehr zutrauen. Die Team-Arbeit für Mensch und Hund stärkt die Bindung, fördert den Gehorsam und damit auch die Umweltsicherheit des Vierbeiners. Die Übungen dieses Buches steigern sich im Schwierigkeitsgrad von den wichtigen Basisübungen bis zu hohen Schwierigkeitsgraden.

128 Seiten, farbig, gebunden
ISBN 978-3-86127-809-2

Manuela Zaitz
Trickschule für Hunde

Wer seinen Hund sinnvoll beschäftigen möchte, muss nicht unbedingt auf den Hundeplatz gehen, um ihn für bestimmte Aufgaben auszubilden. Auch zu Hause oder beim täglichen Spaziergang lassen sich Hunde sowohl geistig als auch körperlich fordern. Welche Methoden hierbei sinnvoll sind, wie man am besten vorgeht und vor allem wie zahlreiche Tricks dem Hund beigebracht werden können, wird in diesem Buch anschaulich beschrieben.

112 Seiten, farbig, gebunden
ISBN 978-3-86127-794-1

Manuela Zaitz
Neues aus der Trickschule für Hunde

Wer einmal damit angefangen hat, den lässt es nicht mehr los: Trickdogging. Alle sind auf der Suche nach neuen Tricks, Manuela Zaitz hat sie zusammengestellt. Das zweite Buch bietet neue Ideen bis hin zu Tricks aus dem Filmhundebereich, Übungsanleitungen und wichtige Informationen zu allem was man wissen muss, wenn man mit seinem Hund Castings besuchen oder auftreten will.

128 Seiten, farbig, gebunden
ISBN 978-3-86127-810-8

Cadmos Verlag GmbH · Möllner Straße 47 · 21493 Schwarzenbek
Telefon 04151 87 90 70 · Fax 04151 87 90 7-12
Besuchen Sie uns im Internet: www.cadmos.de